トクする

# 非正規社員マニュアル

派遣 契約 バイト のための
保険・税金・年金・労働法 がわかる96の智恵

日向咲嗣 Sakuji hyuga

同文舘出版

# 2章

# 快刀乱麻の社保解決編
# 積年の悩みを一発解消
# 国保から健保に乗り換える法

## 3章 五里霧中の年金制度・解剖編 払わずもらえる!? 国民年金未納マニュアル

# 6章 苛斂誅求の税金奪還編 知らないと年間10万円ソンする非正規社員の確定申告マニュアル

# 7章 孤立無援の質問編

## こんなときどうする？非正規社員の素朴な疑問に答えるQ&A集

カバーデザイン 齋藤稔
漫画・イラスト 小川京美
本文デザイン ジェイアイ

プロローグ

# トクする
# 非正規社員生活入門

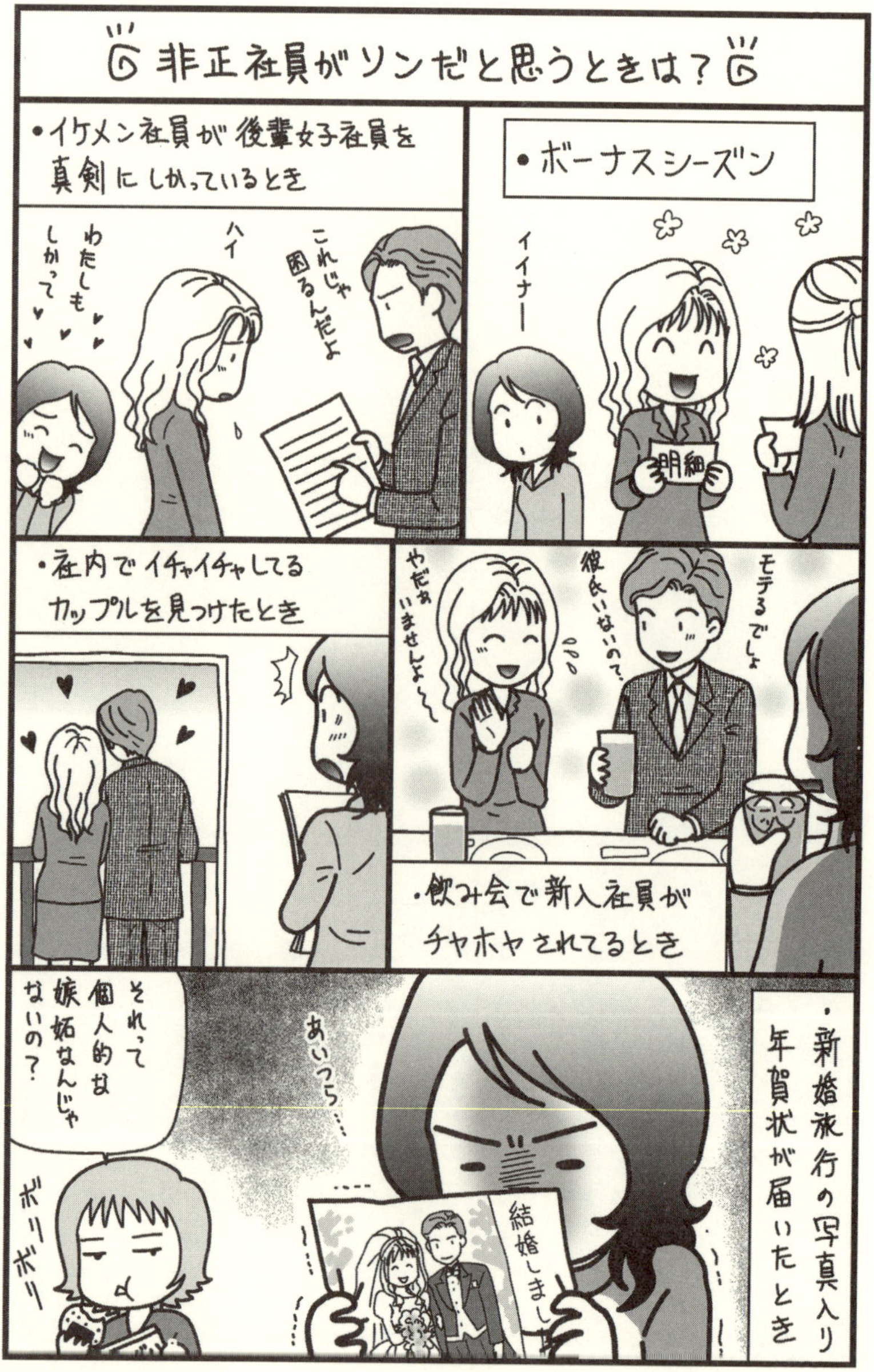
非正社員がソンだと思うときは？
・イケメン社員が後輩女子社員を真剣にしかっているとき
これじゃ困るんだよ
ハイ
わたしもしかって
・ボーナスシーズン
イイナー
明細
・社内でイチャイチャしてるカップルを見つけたとき
モテるでしょ
彼氏いないので…
やだぁいませんよ～
・飲み会で新入社員がチヤホヤされてるとき
・新婚旅行の写真入り年賀状が届いたとき
あいつら…
結婚しました
それって個人的な嫉妬なんじゃないの？
ボリボリ

非正社員がトクだと思うときは？
・いつでもやめられる
うぅう おぉぉおおぉ
さらばっ
社内大運動会
ぜー
ぜー
うっ
Z
・面倒なイベントに参加しなくていい
・社内の力関係と無縁でいられる
バチバチ
・責任が重くない
ノルマ
ノルマ
ずーん…
お先失礼しまーす
・自分の時間が持てるので習い事に行ける
ドバーン
おりゃあ

「なんじゃあ、これは！」

非正規社員（以降、非正社員）のU男さん（30歳　物流会社勤務）は、突然自宅に届いた一通の封書を開けたとたん、一瞬、腰を抜かしそうになりました。

それは国民健康保険の納付書。何枚か一綴りになった書類の年間納付額の欄には、20万円超の数字がクッキリ。月にして、2万円近い額！

前年までは父親の健康保険の扶養家族として保険料はタダだったのに、少し収入が増えただけで、高額の負担がのしかかってくるのですから、たまったものではありません。

さらに、アタマが痛いのが国民年金。

保険料を納める義務が生じる20歳のときから、これまでただの一度も国民年金を払ってこなかった「完全未納状態」のU男さんでしたが、さすがに、30歳を超えると、「将来1円も年金をもらえなくなる」恐怖がジワジワと襲ってきます。「そろそろヤバイかも」と毎月1万4000いくらの国民年金を払おうと思っていた矢先に、〝国民健康保険ショック〟に襲われてしまったのです。

月給20万円ちょっとのなかから、国民健康保険と国民年金の保険料合わせて3万5000円近いお金を払うのは、いくらなんでも無理と、とりあえず国民健康保険だけ払うことにしました。

昨年、バイトで勤めていた物流会社が勤務日数の多い契約社員に切り替えてくれたため、給料が増えて喜んでいたのに、「こんなことになるんだったら、給料が安いバイトのほうがマシだった」と、すっかりヤル気をなくしてしまったのです。

あなたも同じようなことで困った経験はありませんか?

「どうせ契約や派遣は、ソンな立場だから」と、ほとんどの人が諦めているとしたら、まずは、その考え方を根本的に変えないといけません。

契約や派遣で働いていると、とかく不利な状況に立たされるケースが多いのは事実です。でも、だからといって、その状況を甘んじて受け入れる必要などまったくないのです。

実は、ちょっと頭を働かせて行動すれば、U男さんだって、もっとラクにピンチを切り抜けられ、場合によっては、年間何十万円もトクすることができるのです。

では、具体的にU男さんのケースでは、各種制度についての知識を仕入れると、いまよりどれくらいトクすることができるでしょうか。

先に結論から述べておきますと、以下のようになります。

**①非正社員のまま健保に加入して、国保より保険料を年間14万円安くできる**
**②国民年金保険料年間17万円は、全額免除しつつ、将来の受給権だけは確保する**
**③未加入でも失業保険をもらえるようにして、合計43万円もらう**
**④確定申告して、所得税10万円還付**

なんと以上合計で、**年間80万円以上もトクできる**計算です！

条件のいい正社員のクチで就職するのは、カンタンではないかもしれませんが、非正社員でも、社会保険や労働保険の面で正社員並みの待遇を得ることは、実は、あなたが考えるほど難しいことではありません。要は、ちょっとした専門知識を仕入れて、どう行動すればトクかを知っていればいいのです。

とはいえ、日ごろ疑問に思っても、いちいちその分野の専門書を読んで、なおかつ自分がトクをするためにはどうすればいいかまで研究するのはホネが折れるもの。

そんな人は、この際にぜひ、本書を隅から隅まで読んで研究してみてください。

本書は、国の各種制度について、できるだけ幅広くカバーしていますので、個々の制度について苦労してネットで検索したり、難解な専門書を何冊も読まないとわからないことがほんの短時間でマスターできるようになっています。たった１３００円の投資で、うまくいけばその何百倍ものリターンを得られるはず。

もう無駄な努力ばかりするのは、やめましょう。そして、知っていれば確実にトクできる知識をマスターすることから始めてみませんか？

**※本書に記載された内容は、一部有効年月日を明記した箇所を除いて、２００８年12月末現在のものです。お読みになった時期によっては、本書の内容が正確ではなくなっている可能性があります。また、雇用保険につきましては、各職業安定所の裁量に委ねられている部分が大きいため、本書の内容とは異なる判断が下される可能性もあります。重要なことにつきましては、関係機関に、ご確認されたうえで行動されることをお勧めいたします。**

# 1章

# 安心立命の社保入門編

知らないと 10 万円ソンする
国民健康保険のしくみ＆裏ワザ

コイツだけは許せない!
・上に弱く下に強い
ヘこヘこ
ガミガミ
ハイハイ
・美人に弱くそうでない人に強い
ニコニコ
ニヤニヤ
ああっ!?
・自分のミスを指摘されると逆ギレして周囲に説教する人
そっそんなことよりお前らはどうなんだ
しら
・ゴミ屋敷ならぬゴミ机の男子社員
ヒッ
←バリケード
・人のミスをメールで指摘する奴
しかもCCで上司にも送っている
隣の席なのに!
カチャカチャ

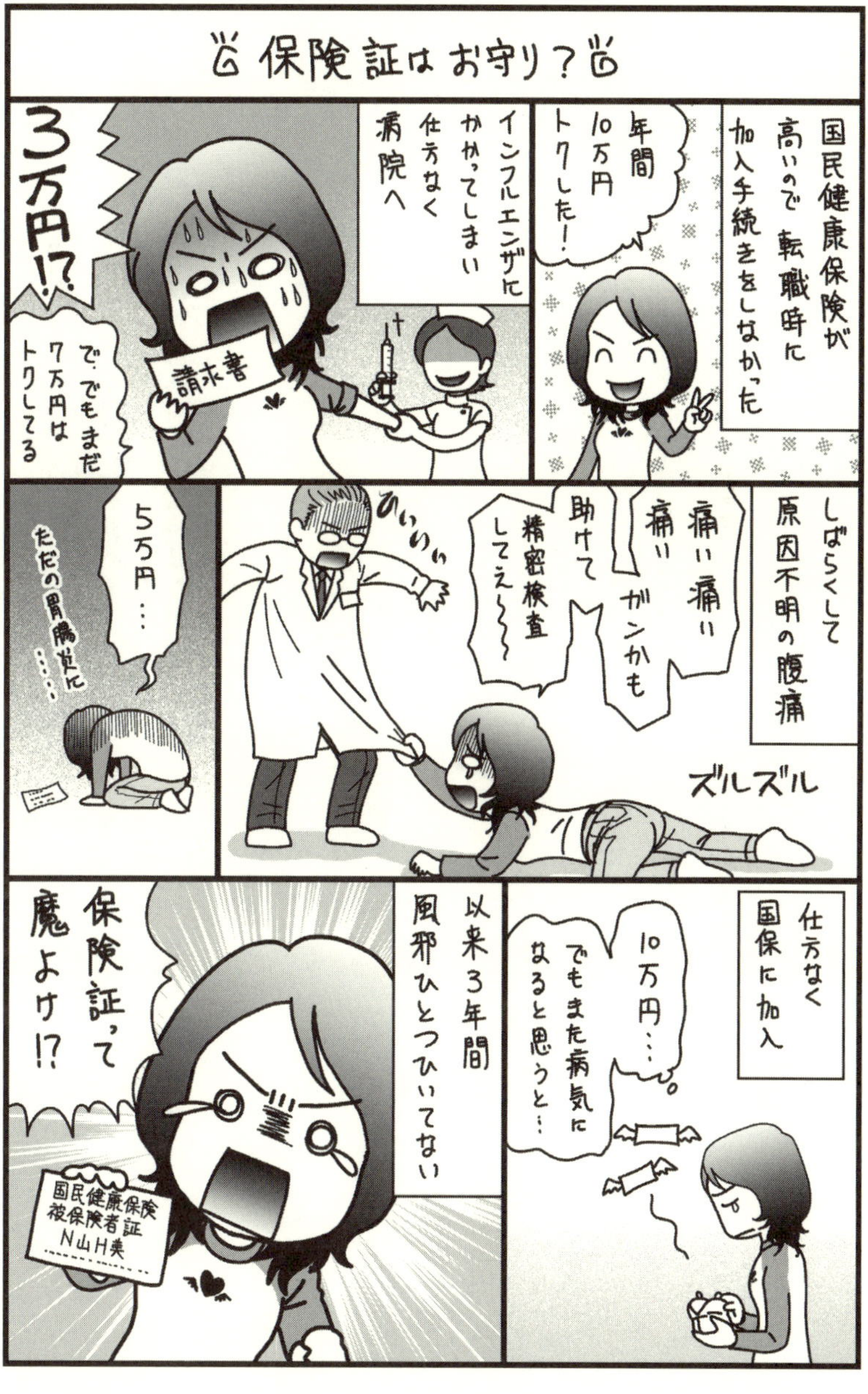
保険証はお守り？
国民健康保険が高いので転職時に加入手続きをしなかった
年間10万円トクした！
インフルエンザにかかってしまい仕方なく病院へ
3万円!?
請求書
で、でもまだ7万円はトクしてる
しばらくして原因不明の腹痛
痛い痛い痛い ガンかも
助けて精密検査してぇ〜〜〜
ひぃぃぃ
ズルズル
5万円…
ただの胃腸炎に……
仕方なく国保に加入
10万円… でもまた病気になると思うと…
以来3年間風邪ひとつひいてない
保険証って魔よけ!?
国民健康保険被保険者証
N山H美

# 1 《 保険証持っていれば誰でも給付？
# 意外に知らない国保法定給付の中身

どんな人でも、何らかの公的な医療保険に加入していて、医者にかかるときには、持っている保険証を出すのは当たり前だと思っていますよね。

では、その保険にはどんな種類があるのか知っていますか？

サラリーマンやＯＬさんが加入する健康保険（健保）と、それ以外の自営業者や社保なし勤務の非正社員が加入する国民健康保険（国保）に大別されます。

どちらも、病気やケガの治療費の七割を負担してくれるのですが、では、その給付金にはどんなものがあるのか知っていますか？

治療費の七割を負担してくれる「療養の給付」以外にも、高額療養費、入院時食事療養費、出産育児一時金、移送費、葬祭費など実にさまざまな給付金があります。

たとえば、入院して手術するなどして高額な医療費がかかったときでも、一定額（一般は、１か月に８万１００円）を超えた分は、後から申請するとすべて戻ってくるのが高額療養費。子供が生まれたら原則38万円（２００９年10月～２０１１年３月までは42万円になる見込み）ももらえるのが出産育児一時金です。

また、本人が亡くなったら1～5万円（市町村によって異なる）出る葬祭費、ほかの病院に転送するときの費用を負担してくれる移送費、入院時には一食260円を超えた分は全額負担してくれる入院時食事療養費など、どれも、困ったときには頼りになる給付メニューがそろっているのです。

特に高額療養費は、たとえ月に100万円医療費がかかっても最終的な自己負担は、8万円程度で済むんですから、大病したときに実に心強い給付金と言えそうです（これらは後で還付される制度だが、払うお金がなければ、給付されるまで貸し付けてくれる制度もある）。

一方、サラリーマンの健保も、基本となる給付金（法定給付と呼ぶ）のメニューは、国保とほとんど同じで、これらにいくつか健保独自の給付がプラスされる程度（詳しくは後述）で、大きな違いはありません。

いちばん基本になる「療養の給付」にしても、むかしは、健保のみ本人一割負担と、国保の三割負担に比べてかなり有利でしたが、いまは、どちらも同じく三割負担なので、大きな差はなくなっていると言ってもいいでしょう。

## 2 ≪ 国保と健保の違い1
# 保険料のしくみがこんなに違う

では、サラリーマンの健保と自営業者・非正社員向けの国保とでは、いったいどこがどう違うのでしょうか。いくつかポイントを絞って解説していきましょう。

**①住んでいる地域によって保険料が変わる**

「国民健康保険」とは名ばかり。国保は、市町村単位で運営されているため、住んでいる地域によって、払う保険料はまったく異なります。

その地域間格差が非常に大きいのが国保の特徴で、健保とあまり変わらない保険料のところがあるかと思えば、とんでもなくバカ高い保険料を取られる市町村もあるのです。

一方の健保のほうは、いまのところ、住んでいる地域は関係なく、運営組織によって保険料が決まります。

**②保険料の支払い方式が違う**

健保は、毎月の給料から天引きで保険料を納めるのに対して、国保のほうは、自宅に送られてきた納付書で自主的に支払うシステムになっています。

口座振替したとしても、引き落としを忘れて、ついついほかで使ってしまいがちです。

もともと収入が安定しにくい加入者が多い国保では、保険料滞納が起きやすいのです。滞納者が増えると保険財政は当然悪化します。その結果、保険料を値上げせざるをえなくなり、それにより、ますます滞納者が増える——という悪循環が起こりやすいのです。

**③保険料算定の基準となる収入の時期が違う**

健保は、原則として、4月～6月の平均給料をもとに9月～翌年8月の保険料が決まるのに対して、国保の場合は、あくまで前年の収入を基準にして、4月から翌年3月までの保険料が決まるしくみになっています。

つまり、健保は「いま、これだけ給料もらっているから、来年までの保険料はこれだけ」と決まるところが、国保の場合は、杓子定規に「去年これだけ稼いでいたので、これだけ払って」となるのです。

たとえ現在は失業して1円も収入がない状態でも、前の年に普通に収入があると、平気で年間何十万円もの保険料がかかってくることもめずらしくないのです。すると「とても払えない」となって、それが国保保険料滞納が増える元凶のひとつになっているのです。

# 3 《 国保と健保の違い2

# 国保は逆立ちしてもかなわない3つの健保メリット

一般的にサラリーマン健保のほうがおトクと言われます。いったい、なぜでしょうか。それは、次のような違いがあるからです。

**①会社が保険料の半額を負担してくれる**

サラリーマン健保の場合は、原則として、毎月支払う保険料の半額を勤務先の会社が負担してくれますから、全額自己負担の国保のほうが圧倒的に不利です。

保険料率がまったく同じの健保と国保があったとしたら、保険料の半額を会社が負担してくれる健保の加入者は、国保の半分の保険料を払えばいいことになります。

いわば、サラリーマン健保に加入している人は、保険料の半額分だけ会社から給料を余分にもらっているのと同じ。しかも、その分には1円も税金がかからないわけですから、その点では、健保のほうが圧倒的におトクなのです。

## ②健保には国保にはない給付金がある

サラリーマン健保も自営業者＆非正社員対象の国保も、給付金の種類・支給額も基本的には大差はないのですが、細かいところまで詳しく比較してみると、国保にはないのに、健保にだけある給付金というのがあります。

その代表例が「傷病手当金」です。これは、病気やケガで働けなくなって仕事を休んだときに、ふだんもらっている給料の3分の2のお金を支給してくれる制度。

病気やケガで長期に休むと、給料が減って生活に困ってしまいます。そんなときでも、傷病手当金があれば最長で1年半もの期間、給料の3分の2を保証してくれるわけですが、この傷病手当金、なぜか健保だけの特典で、国保には存在しないのです。

このほかにも、働いている女性が産休を取ったときにもらえる出産手当金（給料の3分の2を98日分支給）も健保だけにあって、国保にはない給付金のひとつです。

## ③健保の扶養家族は、保険料無料で保険証を使える

国保と健保を比較したとき、意外な盲点なのが扶養家族（被扶養者）の扱いです。

具体的に言えば、国保では扶養家族が1人でも増えると、「均等割」と言って、頭数に応じた保険料をプラスされるのに対して、健保のほうは、扶養家族の数は、保険料の計算にはまったく関係ありません。独身だろうが、15人家族だろうが、給料が同じなら、その

世帯主が払う保険料もまったく同じなのです。

つまり、健保の扶養家族は、保険料タダで健康保険証をゲットできているのです。

いまはシングルだから「関係ない」と思っている人でも、結婚して子供ができたとたんに保険料がハネ上がる国保のコワさをいずれ味わうかもしれません。

### ④国保は国民年金と、健保は厚生年金とセット

国保と健保では、加入する公的年金が違ってくるのも、ぜひ知っておきたいポイントです。すなわち、本人の意志にかかわらず、国保に加入すると国民年金に、健保に加入すると厚生年金に、それぞれ自動的に（国民年金は手続き必要）加入するしくみになっています（「国年・国保」「厚年・健保」と覚えておいてください）。

この点は、保険料の損得を考えるときに、非常に重要なポイントになってきます。

国年・国保で、年金を未納状態にすると、国保の保険料負担だけで済みます。一方、厚年・健保は、2つセットで強制加入のうえ、年金保険料は給与天引きですから、必ず両方の保険料負担が発生します。

しかし、何も考えずに国民年金未納を続けていると、将来1円も年金をもらえなくなる恐れがあります。また、厚生年金は健保と同じく、その保険料を会社が半額負担してくれますから、そうした面も含めてトータルに損得を判断しないといけないわけです。

# 4 複雑にして煙に巻く？ わかる人だけがトクできる国保計算方法のしくみ

現在、国保に加入している人は、その保険料がどうやって決まるのか知っていますか？

おそらく、ほとんどの人は、国保の保険料に関しては何の知識もないはず。

そこで、この際にぜひ、国保保険料算定方法をマスターしておきましょう。

調べ方は、市（区）役所のホームページから、「国民健康保険」をキーワードにサイト内検索をすると、保険料計算式が明記されたページがみつかります。

その計算式に、自分の前年収入をあてはめていけばＯＫです。

まず注目してもらいたいのは、所得割部分の算定方法。

所得額を元に計算するパターン（所得比例方式）を採用している市町村と、住民税額を元に計算するパターン（住民税方式）を採用している市町村に大別されます。

計算がややこしいのは、住民税方式。ですが、扶養家族がいる人の場合は、扶養控除が適用されて計算の元になる住民税が安くなる住民税方式のほうが有利です。

逆に、扶養家族のいないシングルの人の場合は、住民税方式になっていると、計算の元になる住民税で社会保険料控除をし忘れると結果的に本来納めるべき額よりも高い保険料を取られてしまいますので、その点は注意が必要です（詳しくは6章参照）。

計算方法は、医療分と支援分（後期高齢者医療制度への支援金）、40歳以上の人は、それらに加えて「介護分」（介護保険料）の3分野に分けて計算していくのが基本です。

なぜ、そんなややこしいことをするかというと、この3分野それぞれに上限額が設定されていて、計算の結果、上限額を超えた人は、上限額が適用されるからです。

介護保険の対象にならない40歳未満の人は、医療分と支援分の2分野について、所得割、均等割、平均割の3つを計算してそれらを合計していくわけですが、所得割で注意したいのは、給与収入を一度所得に直してから計算すること（6章・232ページ参照）。

千葉県千葉市（所得比例方式）在住で年収240万円の独身者を例に試算してみましょう。

年収240万円の場合は、給与所得控除が90万円認められますので、所得額は150万円。医療分の所得割は、この150万円の所得金額から基礎控除33万円を引いた117万円に、5・37パーセントをかけます。そうすると6万2829円。

これに医療分の均等割1万2600円かける1（扶養家族なしの場合）と、一世帯当たりにかかる医療分の平均割1万6320円を足すと、医療分合計は9万1749円。

同じような要領で、支援分の所得割、均等割、平均割を計算。これに、医療分合計9万1749円を足すと、総計12万1350円になるわけです。

## 【国民健康保険料の計算方法】

（千葉県千葉市のケース・平成20年度）

**●給与収入を給与所得に換算する**（巻末・付録情報編の所得早見表を参照）

年収 **240万** 円 → 給与所得 **150万** 円

**医療分保険料**

①所得割額 ＝（ **150万** 円 − 33万円）×5.37%＝ **62,829** 円
（**150万**：所得額、33万円：基礎控除）

②均等割額 ＝ 12,600円 × **1** 人 ＝ **12,600** 円
（被保険者全員の人数）

③平等割額 ＝ 16,320円
（1世帯当たり）

①＋②＋③＝小計A **91,749** 円
47万円を超える場合は47万円

**支援金分保険料**

④所得割額 ＝（ **150万** 円 − 33万円）×1.73%＝ **20,241** 円
（**150万**：所得額、33万円：基礎控除）

⑤均等割額 ＝ 4,080円 × **1** 人 ＝ **4,080** 円
（被保険者全員の人数）

⑥平等割額 ＝ 5,280円
（1世帯当たり）

④＋⑤＋⑥＝小計B **29,601** 円
12万円を超える場合は12万円

年間国民健康保険料 ＝ 小計A＋小計B ＝ **121,350** 円

※40歳以上の人は、上記に加えて介護分の保険料も計算して合計を出す。千葉市の介護保険料（平成20年度）は、所得割1.70%、均等割6,240円、平均割り4,920円となっている。（最高限度額90,000円）

## 5 ≪ 収入減ったら国保は安くなる
# 知らないから大損する！ 市町村減免基準の意外な盲点

公的医療保険の基本的なしくみがわかったところで、いよいよ保険料を最小限に抑える裏ワザをドドーンとご紹介していきましょう。

真っ先に検討したいのが、「国保保険料の減免」です。

いまは、どこの市町村でも、生活困窮世帯に対して国保保険料の減免制度を設けていますから、自分はその制度の対象にならないかどうか一度徹底的に調べてみるべきです。

「生活困窮世帯」と聞いて、ハナっから「半端モンのオレなんか」と諦めるのは失敗のモト。非正社員は、契約が切れて年度の途中で何か月か失業状態で過ごすこともあります。すると、年収ベースでは、たちまちその基準をクリアする可能性もおおいに出てきます。

国保の場合、前年の収入によって保険料が決まりますから、前の年に普通に働いていたら減免は不可能と考えるのが、そもそもの間違い。

最近は、ほとんどの自治体で、前年収入の絶対額にかかわらず、その年の収入の状況によって判断される特例を設けるようになっているのですから。

典型的なケースが、千葉県千葉市。倒産や失業などにより、「現年見込み総所得が280万円以下で、前年の総所得より30％以上減少している」などの条件をクリアしていれば、所得割部分の保険料が「個々の状況に応じて30％～100％の範囲」で減免されます。

ただし、減免されるのは、収入に対してかかる所得割部分のみ。均等割（1人当たりの保険料）や平均割（一世帯当たりの保険料）は普通にかかってくるため、いくら収入が低くなったとしても、タダみたいに安くはならないかもしれません。

ところが、なかには均等割・平均割も減免してくれる自治体もあります。

たとえば、兵庫県神戸市では、所得割減免基準とは別に、所得が低い世帯向けに均等割・平均割を減免する特例が設けられており、「年間所得の見込額が33万円以下」のときには、均等割と平均割の5割まで減免してくれます。

「33万円なんて、ありえねえ」と思うでしょうけれど、そこが減免制度の最大の盲点！ 33万円というのは、給与収入ではなく、あくまで「所得」なのです。

所得33万円を給与収入に直すと98万円。つまり、その年の見込み収入が98万円以下であれば、均等割と平均割の計約6万7000円が約3万3500円になるんです。

これぞまさしく、ちょっとした知識がゼニに変わる好例。

そんなわけで、あなたもぜひ一度自分が住んでいる市町村の国保保険料減免制度についてトコトン調べてみてください。

## 6 《 ウソのようなホントの話

# 申請せずに国保が7割安になる保険料軽減基準のしくみ

東京都内で一人暮らしをしているG子さん（25歳）は、ある日、自宅に届いた国保の保険料決定通知をみて、思わず目がテンになってしまいました。

通知書に書かれた年間保険料は、たったの1万1000円！

つい最近までは、年間10万円近く保険料を払っていただけに、いきなりそこまで安くなったことに半信半疑。前の年は、派遣会社との契約が切れて、途中、失業手当や短期の仕事でしのいだ時期もあったものの、そこまで収入が激減した感覚はなかったからです。

これって、きっと何かの間違いだわ。後から請求くるかも……と怖くなってしまいました。国保の世界では、こういうことがときどき起こります。

いったい、なぜでしょうか？

「収入が低かったので減免された」と答えた人は、残念ながら不正解。「減免」は、書類を揃えて申請しないといけませんが、彼女は一切そういうことをしていないのですから。

正解は、G子さんの前年収入が国保保険料の軽減基準以下だったから、です。

その場合、自分から申請しなくても、自動的に均等割が7割減額されます。収入に対してかかる所得割も、住民税非課税だったためゼロとなり、結果的に彼女が払う保険料は、均等割の3割だけになってしまったというカラクリです（東京23区内は、平均割はなし）。

ちょっとややこしいのですが、「減免」は、前年の収入が高くても現在収入が激減していれば保険料が安くなる特別な制度（申請が必要）。一方の「軽減」は、前年収入が少なかった人に対して自動的に一般の人とは違う計算式が適用される制度です。

保険料軽減の基準は、都道府県によっても微妙に異なりますが、だいたいどこでも、給与収入が年間98万円（所得33万円）以下であれば、均等割と平均割の両方を7割（または6割）減額してくれます（ほかにも、5割減額、2割減額の基準もアリ）。

保険料の軽減は、全国どこでも「年収98万円」がひとつのめやすになることは、この際しっかりと頭にたたき込んでおきましょう。

ということは、バイト生活者は、保険料減額基準を知ってその範囲内で働くとトク？

いえいえ、国保保険料を安くするためだけに、わざと給料が減るような働き方をするのはさすがにソンです。でも、軽減基準のボーダーライン上ギリギリにいる人は、年末近くになったら、シフト勤務日を少しだけ調整するのは有効かもしれません。

ちなみに、G子さんの場合、失業手当は国保保険料算定の対象外だったのも、保険料が思ったよりも安くなっている理由のひとつでした。

## 《7 収入減っても軽減なし？

# 擬制世帯主の巧妙なカラクリを簡単突破する世帯分離の裏ワザ

G子さんのケースを知って、「アレ？　オレも前に同じくらいの収入だったことあるけど、そんなに安くならなかったよ」と不思議がるのが、現在、居酒屋でバイトしているK太君（27歳）。

これが国保の手ごわいところ。敵もさるもの、激安国保への途は、一筋縄ではいきません。さて、いったいどうしてそうなるのでしょうか。

そこで、彼にこう聞いてみました。

もしかして、親と同居していて、父親が世帯主になっていたりしていない？

「そう言えば、なぜか請求書は親父宛てに来てますね。ウチの親父は勤務先の健保に入っていて、国保に入ってるのは家族でオレだけなのにおかしいなと思ってたんですけど」

と不思議がるK太君。

父親も国保だったら、家族全員の収入を合算した請求が父親宛てに来るのはわかりますけど、父親は勤務先の健保に加入しているので関係ないと、誰もが思うはずです。

ところが……国保には、一般人には到底理解しがたい〝世にも奇妙な理屈〟があるのです。

国保の保険料を納付する義務を負っているのは、常識的に考えれば、国保に加入している人（この場合K太君）ですが、現実には、なぜか住民票上の世帯主となっているのです（「擬制世帯主」と呼ぶ）。

K太君の場合は、父親ですね。さすがに、健保に加入している父親の収入まで、息子の国保保険料算出時の総所得には含みませんが、保険料の「軽減」または「減免」を判定する際には、擬制世帯主である父親の収入も考慮に入れるしくみになっているわけです。

言い換えれば、「お父さんがお金もってんだから、そういう裕福な世帯のドラ息子の保険料は安くしてあげないよ」と、市役所では言っているわけです。

一理ありますけど、アパートを借りる余裕がないため仕方なく親と同居していて、父親から経済的援助など一切受けていないつもり（クルマを買うときの頭金は出してもらったが）の彼としては、「冗談じゃあねえ！　不公平じゃねえか」と文句のひとつやふたつも言いたくなります。

そんなとき、保険料を安くしたかったら、実家を出てアパートを借りるしかないと言いたいところですが、同居のままでも自分ひとりの収入だけで保険料の軽減措置を受けることは可能です。

コレ、コロンブスのタマゴのような話で、彼のように、世帯主の収入が国保保険料の軽減や減免の審査対象になってしまう場合は、同じ住所のまま、住民票上の世帯を分離して、父親とは別に、自分が世帯主になってしまえばいいのです。

つまり、同じ住所に父親とは別の独立した世帯をつくればいいだけのこと。手続きも、市役所に本人が国保の保険証を持って行けばカンタンにできてしまいます。

たったそれだけのことで、K太君は、もし収入が軽減基準以下になったら、国保保険料も激安になるのですから、やっとかないとソンかもしれません（世帯を分離しても、税金上は、父親の扶養家族になることは可能）。

なお、住民票上の世帯分離手続きはしなくても、国保上の世帯主だけ変更することができる市町村もあります（ただし、国保保険料の滞納がないことなど一定の条件はある）ので、地元市役所に一度問い合わせてみてください。

## 【国民健康保険料の軽減・減免制度】

（福岡市の場合）

### （1）軽減制度

所得が基準以下になった場合、自動的に均等割と世帯割をそれぞれ７割・５割・２割の割合で減額。審査対象所得は前年分。申請の必要なし。

| 減額割合 | 減額の対象となる基準所得額 |
|---|---|
| ７割 | 国民健康保険の世帯主と、その世帯に属する被保険者及び特定同一世帯所属者の所得の合計が 33 万円以下 |
| ５割 | 前年中の所得が 33 万円＋(24 万５千円 × 国民健康保険の世帯主を除いた被保険者及び世帯主以外の特定同一世帯所属者の人数）以下 |
| ２割 | 前年中の所得が 33 万円＋（35 万円 × 被保険者数及び特定同一世帯所属者の人数）以下 |

### （2）減免制度

災害、失業、倒産、その他の事情により保険料の納付が困難になったとき、保険料が減免される。

審査対象所得は、今年度の見込額。申請の必要あり。

| 種 類 | 減免事由 | 減免割合 |
|---|---|---|
| 災害 | 災害、風水害、火災等の災害や盗難、横領により、資産の 1/3 以上の損害を受けた場合 | 被害の程度により、被災以後１年以内の保険料の 50%～100%を減免 |
| 所得減税 | 今年中の見込み所得が 420 万円以下で、その所得が前年に比べて 30%以上減少する場合 | 所得減少割合に応じて、所得割額の 10%～100%を減免 |
| 低所得 | 今年中の見込み所得金額が法定軽減制度の所得基準に該当する場合 | 見込み所得金額に応じて、均等割・世帯割の 20%～70%を減免 |

※軽減・減免ともに、国民健康保険に加入していない世帯主（擬制世帯主）の収入も、その審査の対象となる。

## 8 実家パラサイトならコレ！
# 保険証がタダで手に入る親の健保に入れる人の収入要件

ふだんから父親に「お前いつまでフラフラしてんだ」と小言ばかり言われているためか、「あのクソ親父の世話になんかなってたまるか！」と息巻くK太君にとって、自分が独立して世帯主になるのは、悪くない選択肢ですが、国保の保険料のことだけ考えたら、もっと有利な方法があります。

さて、それは何だと思いますか？

これまで解説してきた公的医療保険の基本的なしくみを理解していれば、すぐに思いつくはず。ヒントになるキーワードは、「扶養家族は、保険料が無料になる」です。

そう、この際だから国保はやめて、父親の健保に扶養家族（被扶養者）として加入させてもらえばいいのです。

そうすると、健保の場合は、国保のように保険料計算時に加入者ひとり当たりの均等割がプラスされることはありませんので、結果的に無料で保険証をゲットできるわけです。

K太君のような子供が、親の健保の被扶養者として認められる要件は、以下の通り。

**①本人の年収が130万円未満であること**
**②その収入が被保険者（この場合K太君の父親）の年収の2分の1未満であること**

居酒屋で、ガンガン、シフトに入っているときには130万円なんて軽く超えてしまいますが、希望しても週3日しかシフトに入れなかったり、体調悪くてバイト辞めちゃったよ——なんて非常事態のときには、「主として被保険者によって生計が維持されている」とみなされて、被扶養者になれる可能性大なのです！

ただし、健保組合によっては、扶養家族の認定がおそろしく厳しいところもあります（成人した子供は、学生以外は認めないなど）から、申請しても却下される可能性があることは覚悟しておいてください。

もっとも、K太君の場合は、「父上殿、拙者を健保に入れてくださらぬか。この通りでござる」と頭を下げることのほうがずっと抵抗あるかもしれませんが。

## 9 ≪ 一人暮らしでもOK？

# 離れて暮らす親の健保に加入できる人、できない人

では、親と同居していない一人暮らしの人は、収入が少なくなったら親の健保の被扶養者になることはできないのでしょうか。

たとえば、先に紹介した都内で一人暮らしをしているG子さんのようなケースです。

いくら保険料が軽減されるとはいえ、国保に加入し続けるよりも、保険料が完全無料になる健保の被扶養者のほうがおトクですから、G子さんも、実家の親が加入している健保に一時的に入れてもらったほうが賢明だったかもしれないですよね。

結論から言えば、健保の被扶養者は、親と同居していなくてもOKで、見込み年収が130万円未満で、なおかつ親から仕送りしてもらっている額のほうが多い場合は、それと認めてくれます。

ただし、G子さんのケースでは、ネックになるのが、彼女が雇用保険を受給していること。

失業手当は、国保の保険料算定の収入基準からははずれるのですが、おかしなことに、

健保の被扶養者の認定時には、しっかりとその収入も審査対象になるのです。

とはいえ、理論上は、失業手当をもらっても年収見込額が「130万円未満」であれば、扶養家族として認められるはず。ところが、額にかかわらず失業手当を1円でももらうと、もはや扶養家族とは認めない健保組合もあるのが現実です（政管健保(注)では、失業手当が日額3600円未満ならセーフ）。

また、G子さんが親から、自分の収入よりも多い額を仕送りしてもらっていることを証明しないといけないのもネックになるかもしれません。

政管健保の場合、被扶養者になる人（この場合G子さん）の「収入に関する証明」だけ提出すればOKなのですが、組合健保になると「過去6か月分の仕送りの事実を確認できる金融機関の振込金受取書等」の提出を義務づけるところもあり、この種のことには、かなりうるさいのです。

このへんは、健保組合によっても大きく対応が異なります。したがって、G子さんの場合は、どちらに転ぶかわからない非常に微妙なケースと言えそうです。

**(注) 56ページ参照**

## 10 家賃相場に連動せず？一駅超えるだけで保険料激減するメジャー私鉄沿線国保マップ

いま住んでいるアパートも4年目。2年ごとの更新時には、1か月分の更新料取られるから、そろそろ、家賃が安くてもっと便利なところに引っ越ししたいな。

そう思っても、引っ越すとなると、新たに敷金、礼金、不動産屋の手数料等の費用がかかりますから、なかなか決断がつきません。でも、もし国保の保険料がいまよりも安くなるんだったら、長期的にみて十分ペイするかもしれないですよね。

そこで、試しに「私鉄沿線国保マップ」なるものをつくってみました。

例に挙げるのは、若者に根強い人気を誇る小田急小田原線。新宿を起点に、下北沢、成城学園前、登戸、向ケ丘遊園、新百合ケ丘、町田と続く、比較的メジャーな私鉄路線です。

まず起点となる新宿区から。年収240万円の扶養家族なし、社会保険料控除年間30万円、40歳未満の条件で試算してみますと、国保の保険料は、年間約11万5000円。

月1万円弱と安いんですが、これは平成19年度の住民税値上げに伴う緩和措置後の額。緩和措置がなくなれば、たちまち年間14万円になる料率なので油断は禁物。

まっ、新宿徒歩圏に住むというのも現実的ではないので、次にいきましょう。

新宿を発車した電車は、代々木上原などの渋谷区を通って、高級住宅街で有名な世田谷区に入っていきます。渋谷区、世田谷区ともに、新宿区と国保の医療分・支援分は同じ。むしろ家賃が高いのがネックでしょう（経堂で1ルーム相場6・5～7・5万円）。

保険料が変わるのは、急行が停車する成城学園前で各駅停車に乗り換えてしばらく走ったところにある、東京都狛江市に入ってからです。

同じ東京都内でも、狛江市は、世田谷区内より、やや家賃は安く（1ルーム相場5～7万円）、それでいて、新宿まで急行に乗り換えて23分の好立地。ならば、国保の保険料はどうかとみてみると、同条件の試算では、年間約9万8000円と、東京23区に比べて、年間1万5000円以上安くなるのです。

世田谷、調布、川崎に挟まれた人口8万人足らずの小さな市なのにこれは意外ですね。狛江市の場合、所得割部分がたったの5・76％（所得比例方式）で、均等割も2万8600円とまずまずの安さ。そのうえ、平均割はたったの2000円。別に資産割（固定資産税の18・2％）がありますが、資産を持ってない人はもちろんゼロなので、その点が安くなった秘密かもしれません。

そして、多摩川を越えると、いよいよ神奈川県に入り、川崎市になります。家賃は安くはなりますが、果たして国保も比例して安くなるのでしょうか。それとも……。

## 11 都心に近いほうが安い？ 人口70万人VS人口45万人 都市対決 国保激安ベッドタウンはここだ！

同じ条件で試算した川崎市の国保保険料は、年間約14万6000円と、東京23区よりもかなり高い額となりました。これでは、引っ越すメリットはあまり感じませんね。

そこで気を取り直して、さらに先に進んでいくと、一度、神奈川県川崎市に足を踏み入れた小田急線の路線は、鶴川あたりでふたたび東京都に突入。今度は、人口41万人を誇る首都圏でも有数のベッドタウン、東京都・町田市です。

川崎市が少し高かっただけに、町田市もあまり安くないだろうと、あまり期待せずに試算してみたところ、なんと年間保険料は、約9万4000円！

かなり安いと思っていた狛江市の約9万8000円よりも、さらに年間5000円も安いのですから、たいしたものです。

細かい計算式までみてみると、町田市の所得割部分5％（所得比例方式）という数字は、全国的にみてほかに類を見ない低さ！（政令指定都市中最も高い福岡市は12・49％）

それでいて、均等割部分2万3400円、平均割部分1万2000円も、かなりリーズナブルな水準に抑えられている点もおおいに評価できます。

では、さらに小田原方面に進むと、もっと安くなるでしょうか。

町田駅でJR横浜線と交差して少し進むと、もうそこは神奈川県相模原市。代表的な駅としては、小田急江ノ島線へ乗り換える相模大野（1ルーム相場4～7万円）でしょう。

相模原市は、人口70万人を超え、横浜、川崎に次ぐ神奈川の中核都市ですから、東京都町田市とも互角の戦いをするはず。そう思って、同条件で試算してみると、年間約12万5000円と、東京23区に比べても高く、町田市の年間約9万4000円に完敗！

所得割部分が5・76％（町田市5％）と善戦しているのに対して、均等割部分3万3000円（町田市2万3400円）、平均割部分2万2800円（町田市1万2000円）ともに町田市に差をつけられているのが相模原市の敗因です。

というわけで、ざっと、新宿から急行で40分圏内をみただけでも、国保保険料は、年間5万円以上もの差があることが判明しました。ですので、引っ越し先は、家賃と町のイメージだけで決めずに、ぜひ、沿線の市区町村単位で国保料を比較してみてください。

なお、東京23区内は、国保保険料に関してはどこも同額ですが、40歳以上の人のみ国保と同時徴収される介護保険料の所得割部分には大きな差があります（世田谷区は渋谷区の2倍の料率！）。なので、いまは30代の人もその点まで考慮しておかないと、将来40歳になったときに保険料がドカンと上がるかもしれないこともつけ加えておきます。

## 【小田急線国民健康保険 MAP】

以下の条件で、各市区町村の国民健康保険の年間保険料（平成 20 年度）を試算した。

> 年収 240 万円／扶養家族なし／社会保険料控除年間 30 万円／40 歳未満／所有不動産なし

※東京 23 区と川崎市は、住民税方式のため、国民年金を未納にしているなど、社会保険料控除額が上記の条件よりも少ない場合、年間保険料は、下記の額よりも高くなる。

**東京 23 区内**（新宿～喜多見）
約 11 万 5000 円[注1)]

注 1）平成 19 年に住民税が 5%から 10%に値上げされたのに伴って実施された、低所得者に対する緩和措置後の金額。この緩和措置がなければ、計算上は、年間約 14 万円になる。

**東京都 狛江市**（狛江）
約 9 万 8000 円

**神奈川県 川崎市**（和泉多摩川～玉川学園前）
約 14 万 6000 円

**東京都 町田市**（町田）
約 9 万 4000 円

**神奈川県 相模原市**（相模大野～相武台前）
約 12 万 5000 円

新宿
南新宿
参宮橋
代々木八幡
代々木上原
東北沢
下北沢
世田谷代田
梅ヶ丘
豪徳寺
経堂
千歳船橋
祖師ヶ谷大蔵
成城学園前
喜多見
狛江
和泉多摩川
登戸
向ヶ丘遊園
生田
読売ランド前
百合ヶ丘
新百合ヶ丘
柿生
鶴川
玉川学園前
町田
相模大野
小田急相模原
相武台前

# 2章

# 快刀乱麻の社保解決編

積年の悩みを一発解消
国保から健保に乗り換える法

正社員のようで実は非正社員が多い職種
銀行の窓口＆案内係
4.出入金・新規
4番窓口にどうぞ
なぜか銀行員は全員正社員だと思いこんでたわ
図書館の貸し出し窓口の人
貸し出しコーナ
みんな公務員だと思ってた！
次の方ー
ハローワークの
若者就職相談窓口の人
正社員になりたいんです！
俺だってなりたいよ！
お座りください
某量販店家電販売の人
赤字確定
持ってけドロボー！
あなたが決めていいの!?
¥100-
プラズマ
200,000-
ピッグカメラ

市議会議員になろう
げっ国保たかっ！
なんとかしてくれよ議員さん〜〜
国保 納付書
お前が議員になれば？
簡単になれるもんじゃないだろ
うちの市の市議会議員なら1000票で当選できるぜ
報酬は月額42万円期末手当50万円が年2回
カチカチ
Y市ホームページ
議会は年間100日程度で遅刻・欠席もOKだよ
すっげー！絶対ソレになるぜ！
国保保険料をタダにすることを公約にいたします
ホントに当選したらどうするんだよ

## 1 《 さらば国保地獄！
# 乗り換えるだけでストレス激減 会社の健保に入れる2つの絶対条件

国保がイヤになったら、一刻も早く健保に乗り換えるための行動を起こすべきです。何も正社員にならなくても、一定時間以上勤務していれば、健保なんて誰でも入れるのですから。具体的には、以下の２つの要件をクリアしていれば、健保に加入できます。

**①１日または一週の所定労働時間が一般社員のおおむね４分の３以上**
**②１か月の所定労働日数が一般社員のおおむね４分の３以上**

たとえば、同じ職場で働く正社員の所定労働時間が1日8時間・週40時間だったら、1日6時間以上、または週30時間以上勤務でクリア。また、1か月の所定労働日数については、正社員が月21日勤務だったら16日以上勤務していればＯＫ。

要するに、フルタイムに近い条件で働いていれば、正社員だろうがパート・アルバイトだろうが立場に関係なく健保に入れるというか、会社はその人の加入手続きを取る義務があるんです（ただし、2か月以内の契約などは対象外）。

これを知っていれば、会社から「正社員じゃないと社会保険に入れないよ」なんて軽くいなされそうになっても、「そんなのはウソっぱちですよ！」とキッパリ反論できるはず。残るは、実務的な問題だけ。つまり、会社の人事・総務担当の人に「健保に加入したいんですけど」と言ってみて、実際に加入手続きを取ってくれるかどうかです。

何事も自分から意思表示しないことには始まらないので、とりあえず希望を伝えるのが先決。そのうえで、加入要件をクリアしているかどうか微妙だったり、加入したいと会社に言ったものの相手にしてくれなかったときには、地元の社会保険事務所に相談に行くべきです。

明らかに加入要件を満たしているのに、加入手続きを取ってくれなかったときには、社会保険事務所に頼んで、会社に対して指導してもらいましょう。

それでも入れなかったらどうするかって？　そのときには、いまの仕事はスパッと辞めてでも社会保険に入れるクチを探すのが賢明だと思いますよ。だって、その気になって探せば、社保アリのクチなんて腐るほどあるんですから。

ちなみに、前記の2条件はあくまでひとつのめやすです。たとえこれらの要件を完全には満たしていなくても、社会保険事務所が総合的にみて「常用的使用関係にある」と判断すれば、あなたは健保に加入できるのです。

## 2 関西４都市在住者はいますぐ“キングオブ激高国保”から逃げろ！

### “西高東低”はホントだった！

国保から健保に乗り換えると間違いなくトクをするのは、国保の保険料がバカ高い市町村に住んでいる人です。

健保に入るためには、勤務先の会社と掛け合ったり、社保ありの会社への転職活動をしないといけないので少し気が重いのですが、国保が高い市町村に住んでいる人は、そのくらいの労力を費やしても、たっぷりとオツリがくるくらいのメリットがあるのですから。

特に検討したいのが関西の都市部在住の国保加入者です。

大都市部の国保保険料を全国的にみていくと、明らかに「西高東低」の傾向がみられ、大阪を中心とした関西の都市部の国保は、どういうわけか首都圏の都市部に比べて軒並み保険料激高なのです。

すでにみてきた小田急線沿線の水準と比較するために、関西地方における4つの政令指定都市の平成20年度の国保保険料を、小田急線のときと同条件（年収２４０万円、扶養家族なし、40歳未満、社会保険料控除30万円）で試算額を出してみました。

まず、トップバッターとして挙げたいのが京都市で、年間保険料は約16万7000円。東京23区の年間約11万5000円よりも約5万円も高いのですが、これでも、関西の政令指定都市中では最も安いのですから、いかに東西の格差が凄まじいかを物語っています。その証拠に、大阪市になると、さらに3万円近いアップの約19万4000円にも！

驚くのはまだ早いですよ。大阪府内のもうひとつの政令指定都市である堺市の場合は、年間約20万3000円となり、ついに20万円の大台を突破！

極めつけは、兵庫県神戸市で、同条件の試算額は、なんと約23万8000円！　東京23区よりも、12万円以上も高いのですから、これぞ〝キングオブ激高国保〟！

ただし、神戸市の名誉のためにひとつつけ加えておきますと、同市の場合、4都市のなかで唯一住民税方式を採用しているため、扶養控除がない単身者はどうしても保険料が高くなりがち。一方で、扶養家族が多い世帯になると、そこまで高くはないのです。

たとえば、年収400万円で、妻と子供2人の一家4人世帯（社会保険料控除60万円／夫婦とも40歳以上）での神戸市の試算額は、年間約34万円と、わりとリーズナブルな額に抑えられているのですから。

ちなみに、同じ一家4人世帯における試算額は、大阪市45万5000円、堺市52万6000円となっており、世帯持ちにとっては、その2都市のほうがはるかに〝キングオブ激高国保〟なのです。年間52万円なんて、いくら何でもクレイジーじゃないですかねぇ。

## 3 さらば未納兄弟！ 厚生年金とセットでも年間13万円安くなる社保負担

神戸市在住で、現在年間24万円近い国保の保険料を払っている人が健保に乗り換えると、いったい、いくらくらいトクをするでしょうか？

中小企業が加入する政管健保（56ページ参照）のケースでみてみると、月給20万円の人が自己負担する一月の保険料は、８２００円。年間に直すと約9万８０００円ですから、神戸市の国保試算額との差額は、約14万円にもなるのです！

誤解のないように言っておきますと、これは政管健保の保険料率が国保に比べて低いのではなく、保険料の半額を会社が負担してくれるためです。要するに、「その分お給料をたくさんもらえる」と考えるのが正しい解釈です（国保は全額自己負担）。

でも、だからといって国保から健保に乗り換えると、実質収入が必ずしも増えるわけではないのが社会保険の難しいところ。

というのも、健保はそれ単独では加入不可で、必ず厚生年金とセットで加入するしくみですから、健保に加入すると、自動的に厚生年金の保険料まで給料から天引きされてしまいます。

国保のときには、国民年金を未納にすることも現実にはできました（もちろん法的には許されていません）が、健保の場合は、「厚生年金は払わないよ」とはいかないのです。

ですので、ここからは、あくまで国民年金をマジメに払っているという前提で、話を進めていきます。

激高国保から健保に乗り換えたときの、年金分も併せた損得勘定がどうなるのかを詳しくみてみましょう。

神戸市在住で国保の保険料を年間24万円払っているXさんが、国民年金（年間約17万円）もマジメに払っていたとしたら、社会保険料は総額で年間約41万円にもなります。

そんなXさんが国保から健保に乗り換えたらどうなります？　健保の保険料が年間約10万円に、厚生年金保険料年間約18万円（1か月当たり約1万５０００円の自己負担）がプラスされ、年間の社会保険料トータルは28万円程度におさまる計算です。

つまり、Xさんの社会保険料は、国保から健保に乗り換えるだけで年間13万円も安くなるわけです！

# 4 ≪ 大手と中小ではこんなに違う！
# 政管VS組合 健保おトク度比較

今度は、サラリーマン健保だけにスポットをあてて、そちらを詳しくみていきましょう。この点を知れば、ズバリどの保険に加入すればいちばんおトクかがわかるからです。

いわゆる「健保」と呼ばれるものは、次の２つの種類に大別されます。

**①主に中小企業が加入する政府管掌健康保険（政管健保）**
**②大企業単独または同業種の多数企業で設立された組合管掌健康保険（組合健保）**

国が保険者となって運営しているのが政管健保なのに対して、民間企業が母体になった組合組織が運営しているのが組合健保です。大手と呼ばれる企業のほとんどは、自社及びグループ企業の従業員向けに、独自の健保組合を設立しています。

したがって、加入者は、政管健保が主に中小企業の社員、組合健保が主に大企業の社員ということになります。

では、政管健保と組合健保では、どちらがおトクでしょうか。

その点を知るために、両者の違いをいくつかのポイントを挙げて解説してみましょう。

**①保険料率が違う**

一般的に、政管健保よりも組合健保のほうが保険料が安いと言われています。

それは、政管健保は国が決めた料率が一律で適用されるのに対して、組合健保の場合は、35/1000〜100/1000（3・5%〜10%）の範囲内で、自由に保険料率（給料の何%）を設定できるためです。

つまり、財政状態のいい健保組合ならば、保険料を政管健保よりも安く設定することもできるしくみになっているわけです。

ちなみに、2008年9月現在、政管健保の料率は、8・2%。ということは、理論上、組合健保が最も安く設定できる3・5%とは、4・7%もの開きが出ることになります。

実際には、そこまで安いところはほとんどなく、7%前後の料率を設定している健保組合がいちばん多いようですが、それでも政管健保より1%前後は安いのです。

**②自己負担率が違う**

国保の保険料は全額自己負担なのに、健保になると会社が保険料を半額負担してくれるのでおトクと先述しました。

実は、この「保険料半額負担」も、健保の世界では、決して一律ではないのです。中小企業が加入する政管健保の場合は、会社負担率（2分の1）が一律で決まっているのに対して、組合健保の場合は、それを独自に決められるのがもうひとつのポイント。すなわち、財政状況のいい健保組合のなかには、保険料率が安いうえに、会社負担率も2分の1を超えて設定されているところがあるのです。

さすがに、最近は会社が3分の2で、本人負担3分の1という超おトクなところは少なくなりましたが、それでも会社が保険料の5割超を負担してくれるところは、まだまだ腐るほどあります。

**③付加給付がある**

財政状態のいい健保組合のなかには、労働者負担分の保険料が政管健保よりも安いうえに、法律で決まっている給付（法定給付）とは別に、独自の給付メニュー（付加給付）をもっているところがあります。

たとえば、1か月に支払った医療費が8万100円を超えたとき、後で手続きすると、その超えた分（26万7000円を超えた場合は、その1%をプラス）が戻ってくる高額療養費。大病して手術～入院となったときなどには、地獄に仏のようなありがたいこの給付金は、国保にも健保（政管、組合ともに）にもあるのですが、違うのは自己負担額。

健保組合のなかには、1か月に8万円どころか2万5000円を超えた分は、後から申請すると、全額支給されるところもあるからビックリです。

また、病気やケガで働けないときに支給される傷病手当金（国保にはなく健保のみ）が法定給付では、給料の3分の2（66・66%）なのに対して、付加給付と合わせて給料の70%を支給してくれる健保組合もあります。

さらに、傷病手当金の支給期間でも差があり、通常は最長1年半なのに、独自に1年半延長して、なんとトータル3年間にもわたって休業期間中の生活を保証してくれる健保組合もありますから、詳しく給付内容までみていくと、政管健保との格差はますますクッキリと浮かび上がってきます。

## 5 国保、政管、組合の三段階！格差社会を支える保険制度の矛盾

このほかにも、契約している全国のリゾート施設やスポーツクラブをバカ安料金で利用できるなど、母体企業の従業員に対する手厚い福利厚生の一端を担っているのも組合健保の大きな特徴です。

それもそのはず。中小企業の従業員対象の政管健保に比べて、被保険者の給料水準が高い大手企業の従業員対象の健保組合は、それだけ財政状態もいいため、安い保険料で質の高いサービスを提供できる構造になっているわけですから。

そんなわけで、政管健保vs組合健保のお得度比較は、明らかに組合健保に軍配が上がります。

国保が「地域によっては、保険料がバカ高く、給付内容も基本的なものだけ」としたら、政管健保は「保険料は高くなく、給付内容は国保に比べて少し有利」、さらに「保険料は安く、独自の給付まである」組合健保——の三段階で日本の公的医療保険制度は成り立っていると言えるでしょう。ただし、そういった傾向がこれからも、ずうっと続くかと

いうと、必ずしもそうとは言い切れません。

というのも、2008年度から組合健保が負担する高齢者医療制度への拠出金が大幅に増えたため、赤字に陥る健保組合が続出（全体の9割が赤字）しています。そのため、保険料率を上げざるをえない健保組合がここへきて急増していますから、今後は、政管健保との格差は次第に小さくなるでしょう。

一方で、政管健保の世界でも、これまで全国一律だった保険料が地域別に独自に決定する方式に変わる大激震が起きています。

2008年10月1日から、国が直接運営するのではなく、各地に設立された健康保険協会が運営するスタイルに変更になりました。

それにより、協会設立から1年以内に、各都道府県別に保険料が新たに設定されることとなっているのです。

したがって、これまで保険料が全国一律だった政管健保も、今後は、財政状況のいい地域は保険料が安く、財政状況の悪い地域は保険料が高くなる――という国保と同じような現象が起きることが予想されます。

なお、2008年10月1日から、「政管健保」は、名称を「協会けんぽ」に変更しましたが、「協会けんぽ」という呼称がまだ一般に広く認知されていないため、本書では、あえて旧名称で表記しています。

## 6 《 何とか派遣会社は使いよう
# 社保アリ勤務の近道になる派遣社員専用の健保組合

どうせ健保に加入するのなら、少しでも保険料は安いほうがいいですよね。

これまでみてきたように、同じ「健保」でも、中小企業が加入する政管健保と、大企業が母体となって設立された組合健保とを比較したら、保険料は明らかな格差があります。組合健保の平均保険料率は7%台前半と、8・2%の政管健保よりも1%以上は安く、6%台もザラ。しかも保険料は労使折半ではなく、会社が6割負担だったりすると、労働者負担はたったの2%台なんて信じられないくらいおトクなところもあるのです。

月収20万円のときの保険料を比較すると、政管健保は8000円ちょっとなのに、組合健保では4000円とか5000円のところもあるのですから、これこそ〝キングオブ激安健保〟と言っても決して過言ではないでしょう。

健保組合連合会では、「9割の組合が赤字の危機的状況にある!」なんて騒いでますけど、だったらなんで、そんな低い料率を続けているのか。まったく理解に苦しみます。

そんなわけで、政管健保よりも組合健保に加入したほうが断然おトクなのですが、それに入れるのは大企業に勤務する正社員だけ。なので、非正社員は、いくら入りたくても不可能と最初から諦めている人も多いはず。

ところが、組合健保に入ること自体は、そんなに難しくはないんです。

意外に思うかもしれませんが、いちばんの近道は、派遣社員として働くこと。

派遣という雇用形態が果たして賢明な選択なのかどうかについては、ここではとりあえずおいといて、派遣なら正社員に比べて採用されやすいのは間違いないですよね。

本書の読者でも、現在、派遣で働いている人が少なくないでしょう。

すでに加入済みの人には当たり前の話になってしまいますが、最近は、昔と違ってコンプライアンス（法令遵守）がうるさく言われていますから、2か月を超える契約であれば、健保と厚生年金の社会保険にはスンナリ入れることが多いのです。

さて、本題はここから。ぜひ知っておきたいのは、最近は、派遣社員専門の組合健保があり、そちらに加入することができれば、政管健保よりも有利な条件が適用されること。

大手人材派遣会社が音頭をとって2002年に設立し、現在400社の人材派遣会社が参加している「人材派遣健康保険組合」（通称・はけんけんぽ）がそれ。

派遣社員専門の健保というと、あまり良さそうに思えないかもしれませんが、一応、それでも組合健保ですから、中身は、意外と捨てたもんじゃあないんですよ。

具体的に何がどう有利なのか、次項で詳しく迫ってみましょう。

# 7 ≪ 意外に使える？「はけんけんぽ」3つの特典徹底検証

「はけんけんぽ」が有利なのは、第一に、政管健保よりも保険料率が低い点です。

平成20年9月現在の料率は、政管健保が8・2％なのに対して、組合建保に属する、「はけんけんぽ」は7・6％。つまり、0・6％低いのです（どちらも労使折半）。

月給20万円の人の自己負担額に換算すると、8200円と7600円となり、月600円程度の差に過ぎないものの、年間にするとそれでも7200円も労働者の保険料負担が安いわけですから、決してこの差は無視できないでしょう。

第二に、任意継続したとき保険料優遇の特例期間を設けていることです。

「任意継続」とは、退社して健保を脱退した後も、自分から申請することによって、国保に移らずに、同じ健保に加入し続けることができる制度のこと。

激高国保の市町村に住んでいる人にとっては、失業期間中も健保に加入できるのはありがたいのですが、退社すると保険料は全額自己負担になってしまいます（会社半額負担なら2倍に）。そのため、健保を任意継続しても保険料は国保の保険料とたいして変わらないか、むしろ国保よりも高くなるケースが続出します。

そこで、「はけんけんぽ」では、任意継続期間中の最初の2か月間に限って、保険料の一定の上限額を設けて、それ以上は徴収しないよ、としているのです。

この上限額は1万1400円ですから、月給に換算すると15万5000円以上の人が仕事を辞めた場合は、最初の2か月は普通に払うよりも保険料がいくらか安くなる計算です。辞める前の月給が高かった人ほど、この特例によるメリットは大きくなります。

さらに、「はけんけんぽ」が有利な点の三番めは、空白期間のデメリットを消す点。

登録型（短期契約）の派遣は、契約が切れて一度空白期間をおくと、次の仕事が決まっても、続けて同じ健保に入れず、健保→国保→健保と、そのつど乗り換えないといけません。

そこで、「はけんけんぽ」の場合は、登録型派遣として働いたとき、一度契約が切れても、1か月以内に次の仕事（1か月以上の契約）がスタートすることがすでに決まっている場合には、「同一派遣元との使用関係が継続」しているとして、そのまま、加入し続けることができるという特例を設けているわけです。

というわけで、細かい部分をみていくと、派遣専門の健保もそれなりのメリットはありますので、すでに派遣で働いている人はもちろん、ほかの形態で働いている非正社員の人は、この健保に入れる派遣会社を探して（同健保組合のホームページで検索できる）勤めるというのが、トクする非正社員の近道と言えるでしょう。

## 8 ≪ 福利厚生メニューも充実！
# 非正規社員が入れるキングオブ激安健保の穴場

「はけんけんぽ」は、普通に中小企業で政管健保に加入するよりも、いくつか有利な点はあるものの、保険料が驚くほど安い〝キングオブ激安健保〟とはほど遠い存在です。

非正社員が、福利厚生メリットを望むこと自体に無理がある、と言いたいところですが、現実には、そんな希望が叶う可能性がまったくないわけではないんです。

そこで穴場として注目したいのは、大企業がグループ内に設立している人材派遣会社。大企業ならどこでも自社のグループ内企業を対象に人材を派遣する会社を持っています。そうした大企業系列の人材派遣会社も、そのグループ企業の一員ですから、系列の大企業が設立した組合健保に加入しているケースもめずらしくありません。

大企業が母体となって設立された健保組合は、前章でみてきたように、保険料率が信じられないくらい安いうえに、自己負担率が異様に低かったり、はたまたほかの健保にはない独自の給付を行っていたりと、まさに至れり尽くせり。

たとえば、ある財閥系海運会社の系列派遣会社の場合、そこに所属する派遣社員は、親会社と同じ組合健保に加入できるのですが、驚くのがその保険料の安さです。

保険料率はトータルで6・5％。ここまでは少し有利な程度。このうち4・6％を会社が負担してくれ、労働者負担は1・9％という、いまだかつて聞いたこともない数字！

月給20万円だとしたら、給料から天引きされる健保の保険料は、たったの3800円。年間約4万5600円ですから、年間20万円以上払っているキングオブ激高国保加入者からみれば「凄まじいまでの格差」に、思わずため息が出てしまいます。

また、昔ほどではありませんが、大企業の健保組合といえば、いまだに、温泉・リゾート地に自前の保養所を所有していて（またはホテル・旅館、スポーツクラブ等と契約）、通常なら一泊二食で1万5000円以上かかるところが、2000円とか3000円で利用できるなんていう福利厚生メニューが用意されている点も見逃せません。

派遣会社で働くとき、健保の保険料や福利厚生のことまで考える人はあまりいませんので、ほとんどの人はそんなことを知らないのですが、派遣会社を選ぶ基準のひとつに健保の保険料や福利厚生面も加えて検討するのが賢い非正社員と言えるでしょう。

もっとも、グループ企業だけを相手にした人材派遣会社となると、一般の派遣会社と比べて、仕事が少なかったり（派遣先が限られているので）、派遣元の都合ばかり優先して、簡単に契約を切るようなところもあるようですので、組合健保のメリットばかりに目がいくと、「こんなはずじゃなかった」となるかもしれませんが。

# 9 《 国保・健保どっちを取る？
# その判断ミスが命取り！4つの選択シミュレーション

せっかく健保に入れたと思っていたら、突然、契約更新しないと会社から通告された。さて、退職後の保険は当面どうしたらいいでしょうか。ケース別に考えてみましょう。

**①何の保険にも入らない**

国保は自分から市役所に行って加入手続きをしなければ、保険料の請求がこないので、当分は、何の保険にも入らないでいたほうがおトクと考える人もなかにはいるでしょう。

ところが、そんな甘い考えは、鬼より怖い国保の世界には通用しません。

国保の保険料は、加入手続きをした日ではなく、親の健保の扶養家族でなくなった日、もしくは健保に入っていた会社を退職した日の翌日から起算して計算されます。

したがって、退社後、もし2年間無保険状態だった人が、保険証が必要になってから、加入手続きをすると、過去2年分の保険料をまとめてドカーンと請求されてしまいます。

**②国保に加入する**

最もオーソドックスなのがコレ。健保に入っていた会社を辞めたら、14日以内に地元の市役所へ行って国保に加入する手続きをします。保険料は前年の収入を元に計算されますから、市町村によっては、健保のときよりも保険料がおそろしく高くなることもあります。

**③健保を任意継続する**

勤めていた会社で入っていた健保は、退社したら脱退するのが原則ですが、特例として、自分から申請する（20日以内に）と退職後2年間に限って、加入し続けることができます。

これが、いわゆる健保の「任意継続」と呼ばれる制度。だったらこの方法がいちばんおトクと思いきや、退職後の保険料は、会社負担分が完全になくなって全額自己負担となるため、在職中の2倍（会社負担が3分の2なら3倍）以上の負担になるのが難点です。

**④親の健保の扶養家族として加入する**

次の就職先が決まるまでの当分の間は、親が加入している健保の扶養家族（被扶養者）になる方法です。政管、組合ともに健保には、均等割がないため、扶養家族が増えても親の保険料負担は変わりません。つまり、保険料タダで保険証が手に入るのです。

## 10 正解はコレ！ 保険料最安コースを判断する計算ノウハウ

さて、あなたは、前項の４つのうちどれを選択するのが最も賢明だと思いますか？

①の無保険状態は、デメリットが大きすぎるので却下。おトク度で言えば、④の健保の扶養家族になる方法がいちばんですので、まずはこれが可能かどうか検討したいもの。

そして、④の被扶養者の認定がダメたったときに、②の国保加入と③の健保任意継続のどちらか有利なほうを選択するという流れになります。

国保と健保の任意継続とでは、どちらが保険料が安いかは、実際に計算してみないとわかりません。そこで、退職時に会社からもらった源泉徴収票（または給与明細）で前年の収入額を把握したうえで、地元の市役所に電話して国保の保険料がズバリいくらになるかを聞くのが先決です。国保の年間保険料を12で割った額と、在職中に払っていた健保の保険料を全額自己負担したときの月額を比較してみれば、どちらが安いかは一目瞭然。

このとき、勘違いしやすいのが国保の対象になる収入の「年度」です。前年の収入によって決まるのは、あくまで４月～翌年３月までの保険料です。

1月〜3月分に限っては、前々年の収入を元に決まります。なので、1月半ばに退社したときは、3月までの3か月間の保険料は前々年度の収入が基準になり、4月以降からの保険料が前年度の収入が基準になるのです。

ということは、前年度は普通に収入があったけれど、前々年は一時期失業していたから収入が少なかった人が1月前後に退職すると、とりあえず3月までの保険料は激安になる可能性大。なので、4月までに再就職できる自信があれば国保を選択してもOK。

逆に、前年の収入は極端に低かったけれど、前々年の収入はかなり高かった人ならば、とりあえず3月までは健保の任意継続をしておき、4月になってから国保に入るという選択肢も当然アリです。

なお、一度国保に加入してしまうと、もはや健保の任意継続はできませんので、国保と健保の任意継続のどちらが有利かわからなかったら、とりあえず任意継続を選択しておくのが、これまた鉄則中の鉄則です。

健保の任意継続も、原則として、再就職するまでは辞めることができないのですが、実質的には、保険料の支払いをストップすることでいつでも自由に辞めることができます(任意継続は、保険料の支払いが1日でも遅れると即時脱退処分になるため)。

あとは、これまで詳しく解説してきた、国保保険料の減免や軽減などの制度をフルに活用して、ピンチを乗り切るのがトクする非正社員の基礎知識と言えるでしょう。

## 11 困ったときは派遣を使え！
# 任意継続で最長2年間健保を使い続ける裏ワザ

健保から国保（または健保の任意継続）へは、わりと自由に乗り換えられる反面、国保から健保へと乗り換えるほうは、なかなか思うようにはいきません。

そこで、ひとつとっておきの裏ワザをご紹介しておきましょう。

一生懸命に転職活動をしても、志望する職種や業界では、なかなか社保アリでフルタイムのクチにありつけない人は、転職活動は一時お休みして、先に3か月以上の短期派遣の仕事に就くのがこの裏ワザの第一のポイントです。

最近は、派遣なら短期の仕事でも、健保と厚生年金に入れるケースもめずらしくありません。2か月以内であれば「社保適用除外」も許されるのですが、3か月以上になると、自動的に社保は強制加入になりますから、いとも簡単に健保の資格をゲットできます。

それでいて、短期派遣ですから、多少スキルに自信がない人でも採用される確率はかなり高く、フルタイムの正社員などに比べると、はるかに敷居が低いのは間違いありません。要するに、アルバイトとたいして変わらない感覚ですすね。

その派遣の契約期間3か月が無事満了したら、国保には加入せずに、あえて派遣で加入していた健保を任意継続するのが次のポイント。

すると、どうなります？

退職後の健保保険料は、会社負担がなくなって全額自己負担しなければならないものの、派遣で働いていた期間中の給料が安かった人は、それでもたいした額にはならないはず。

キングオブ激高国保などと比べれば、保険料2倍になる任意継続でも、はるかに安く済むケースが少なくないのです。

そうして健保の資格をゲットすることに成功してから、はじめて、本格的に転職活動を再開すればいいのです。もちろん今度は、派遣ではなく直接雇用のクチで、自分が志望する業種・職種の仕事をねらいましょう。

転職先で新しい健保に加入できれば、任意継続は資格喪失となり、何の問題もないのですが、困るのが転職先で健保に入れなかったときです。そんなときには、任意継続をそのまま続けるのがさらなるポイント。

えっ、ほかの会社に勤めながら元の会社の健保を続けるなんて違法じゃないかって？

いえいえ。本来、任意継続は、「強制または任意適用事業所の被保険者になったとき」に資格喪失することになっています。ところが、転職先では、その被保険者にはなれないと言っているのですから、任意継続の状態を続けたとしても、理論的には問題ないのです。ここまで読んで、「どうせ少し保険料安くなるだけ」と思った人はまだ気が早い。

この裏ワザの重要な隠れポイントは、健保を任意継続したとき、健保なのに厚生年金とセットで保険料を払わなくていい点にあります。

現行の厚生年金には、任意継続という制度は存在しないため、退職すると、健保なのに年金は別に自分で国民年金を払うことになっています。

つまり、任意継続すると、厚年・健保／国年・国保という原則が崩れ、国年・健保という常識ではありえないイレギュラーなパターンが実現するわけです。

これで、健保のデメリットだった厚生年金まで天引きされるのがなくなりますよね。

もちろん、だからといって、国民年金を払わないでいいことにはなりませんが、もしこの人が国民年金の保険料免除申請をして、それが認められれば、どうなるでしょうか。

そう、結果的に、短期派遣を辞めてから2年間は、国保よりも安い保険料の健保に入りつつ、なおかつ年金の保険料負担は1円も発生しないという、実におトクな状態になるのです（転職前後の2年間、国民年金保険料を無料にする方法は、3章を参照）。

「派遣」という働き方は、直接雇用と比べて損な面も多いのですが、一方で、ピンチに陥ったときには、活用の仕方によっては、こんな裏ワザが使える、実に便利な存在であることも覚えておいてください。

# 3章

# 五里霧中の年金制度・解剖編

払わずもらえる!?
国民年金未納マニュアル

## 非正社員の福利厚生

見てよ一泊2千円だって！
温泉保養所
正社員限定
○月○日〜×月×日
1泊2,000円〜
他にスポーツクラブも格安になるんでしょ？
正社員は手厚い福利厚生があっていいなあ
わたしもおトクに旅行したーーい
非正社員でも国民年金や国保の加入者向けの割引があるらしいよ
マジ!?
市町村でやってるって指定のホテルや旅館に限られるけど行ってみる？
そりゃ利用するしかないでしょ
Go!
えっ……ここ？
ずい分ボロ…年季入ってるわね
簿炉ホテル
一泊2千円引き？一泊2千円じゃなくて!?
お一人様8千円になります
フロント
まあそれなりのサービスってことね

# 派遣は見た！

外から見れば
非の打ち所のない
エリート集団だが…
N口部長はヅラ
ヒュウ
あっ
さっ
ささっ
M本課長は
シークレットブーツ
しかもちょっと
ベルボトム
今ドキ!?
H山係長はホモ専
ホストに貢いでいる
Y川次長は若手社員に
セクハラ仕放題
すりすり
ウフフフ
あなた見込み
あるわぁ♥
それは
どうも…
あーおもしろかった♪
次の派遣先は
どんな人が
いるかな
ポジティブね
…

## ≪1 そろそろヤバイかも？
# 知識ゼロの人ほど大損する公的年金制度の悪循環

現在、非正社員生活を送っている人は、期間の差こそあれ、〝年金未納キャリア〟の持ち主ではないでしょうか。

国保の場合は、保険料を払わないと気楽に医者にかかれないというデメリットがありましたので、「そんなのカンケーねえ」と無視することもなかなかできません。

ところが、国民年金のほうは、保険料を払わなくても、とりあえず日常生活で困ることは何ひとつありません。むしろ、厚生年金のように安月給のなかから無理矢理天引きされることがない分、国民年金を「未納にする」という選択肢を取れる非正社員のほうがおトクと感じている人もいるかもしれません。

そのためなのか、国民年金の納付率は年々低下する一方で、平成19年度には63・9パーセント（全国平均）と6割台前半になってしまいました。

実は、この納付率には、保険料免除申請をして許可された人は含まれていません。その分を含めると、いまや全体の4割超の人が保険料を払っていないと言われています。

このまま保険料を払わない人が増え続ければ、公的年金制度そのものが崩壊しかねない危機的な状況にあるといっても決して過言ではないでしょう。

そうなると、ますます公的年金制度への不信感が高まり、「どうせ将来自分たちは年金なんてもらえない」と、保険料を払わない人がさらに増えるという悪循環が起きてしまっているのです。

しかし、そんな未納者の意識を一変させる出来事が起きました。

それが、2007年から2008年にかけて、社会保険庁が公的年金の全加入者に対して、過去の年金加入歴を記録した「ねんきん特別便」を送付したことです。

そもそも社会保険庁が過去に行ってきた年金記録の管理があまりにも杜撰だったために「消えた年金」が続出したのがことの発端で、その対策として実施されたのが、加入者本人に過去の年金記録に間違いがないかどうか確認してもらう「ねんきん特別便」だったのです。ところが、皮肉なことに、これが保険料を未納している人に対して、思わぬプレッシャーを与える結果になってしまいました。

それまで年金についてまったく関心をもたなかった人でも、自分の加入履歴を具体的な数字でつきつけられると、何となく不安な気持ちになるものです。

30歳を超えて将来のことも考えるようになると「そろそろヤバイかも」と思い始めるものでしょう。本章では、そんな不安を解消するノウハウを紹介します。

## 2 ≪ 年金の素朴な疑問1
# このまま年金を払わないとどんなデメリットがあるのか

年金でトクする具体的な方法を詳しく解説する前に、まずはQ&A方式で、公的年金(国民年金&厚生年金)の素朴な疑問をサクサクっと解消しておきましょう。

**①国民年金保険料を払わないことのデメリットは?**

第一に、将来、1円も公的年金をもらえなくなることです。保険料を払わなかったらもらえなくなるのは、当たり前ですよね。

第二に、保険料を未納にしている人は、国民年金にオマケでついてくる生命保険機能が使えないこと。具体的には、若くして本人が亡くなったときには、残された妻子に支給される遺族給付と、病気や事故で障害者になったときに支給される障害給付の2つの給付金が、もしものことがあっても、もらえなくなります。

第三に、保険料未納者に対する役所の対応も年々厳しくなってきており、未納状態を続けると、しつこく督促されたり、明らかに保険料を払える経済状態なのに払わない人は、財産を差し押さえられる可能性があることです。

もっとも、膨大な数の未納者に対して、そうした厳しい措置を取ることは不可能ですので、「ぜんぜん何の催促もないよ」という人も多いのが実情なのですが。

**②将来公的年金をもらうためには、何年以上、保険料を払わないといけないの?**

ズバリ答えは、25年です。

この受給資格期間は、国民年金だけでなく、厚生年金や共済年金(公務員の人)に加入して保険料を払っていた期間もすべて足した年数のことで、これが25年以上あれば、公的年金(国民年金または厚生年金)の受給資格が発生するのが大きなポイントです。

逆に言えば、公的年金の保険料を払った期間がトータルで25年に満たない人(たとえ24年11か月払っていても)は、国民年金はもちろん、厚生年金も一切支給されません。つまり、それまで払ってきた何百万円もの保険料は、すべて掛け捨てになるしくみです。

なお、厚生年金には1年しか加入していなくても、国民年金の保険料を24年以上払っていて、受給資格期間の25年をトータルでクリアしていれば、将来国民年金プラス厚生年金(1年しか加入していないと額は少ないですが)がもらえます。

## ≪3 年金の素朴な疑問2

# 厚生年金と国民年金いったいどこがどう違う？

まだまだ知らないことがたくさんある、公的年金制度の核心に迫っていきましょう！

**③年金保険料は、何歳から何歳まで払わないといけないの？**

保険料の払い込みは、原則として、60歳までです。日本の公的年金制度では、20歳から払い始めて60歳までに、40年間保険料を払うことになっています。

**④公的年金は、何歳からもらえるの？**

受給開始は、原則として65歳からです。

現在、受給している人の場合は、「繰り上げ支給」といって、60歳〜64歳までの好きなときに開始年齢を早めることができます（その代わり受け取る年金額は少し減る）が、この制度は段階的になくなっていく予定です。

ですので、いまの若い人が受給する頃には、例外なく65歳に支給開始となります。

### ⑤厚生年金と国民年金はどこがどう違うの？

一般のサラリーマンが加入するのが厚生年金、それ以外の自営業者や社保なし勤務の人が加入するのが国民年金。ちょうど国保と健保と同じような関係です。

そう言うと、この2つは、まったく別の年金のようですが、実は、上に乗っている部分があるかないかの違いだけで、基礎部分はまったく同じです。

すなわち、厚生年金に加入している人は、国民年金にも加入しており、本人が知らないうちに、国民年金部分（基礎年金と呼ぶ）の保険料も納めるしくみになっています。それにプラスして、給料の額によって将来受け取る年金額も増える報酬比例部分が上乗せされているのが厚生年金の特徴。つまり、厚生年金の加入者は、給料が高い人ほど保険料も高くなる代わりに、将来もらえる年金額も増えるしくみになっているのです。

これに対して、もう一方の国民年金の加入者は、基礎年金部分にのみ加入していて、収入の額にかかわらず、毎月定額の保険料だけを納めます。ですので、将来もらえる年金額もすべての人が同額（保険料を払った年数がまったく同じなら）になります。

国民年金を平屋の建物だとすると、厚生年金は二階建てになっていて、一階は国民年金で、二階部分に「報酬比例」部分がくっついているというとイメージしやすいでしょう。

## 4 年金の素朴な疑問3

# 複雑なようで実にシンプル！国民年金の受給額計算法とは？

まだまだ続く年金の素朴な疑問。次は、受給についての基礎知識です。

**⑥公的年金は、将来いくらくらいもらえるの？**

国民年金の支給額は、年間79万2１００円（平成20年10月現在）です。年間80万円弱、１か月に直すと6万6０００円くらい。ただしこれは40年間一度も保険料を未納しなかった場合の額ですから、25年ギリギリしか払っていなかった人は、その払った割合に応じた額（満額の80万円に25／40を掛けた50万円弱）しかもらえません。

40年満額納めた場合の年金額を80万円とすると、１年間保険料を未納なしに納めるごとに、将来の年金額は約2万円ずつ増。5年で10万円、10年で20万円、20年で40万円、40年で80万円になると覚えておくと計算に便利です（ただし25年未満の支給額は０円）。

一方の厚生年金のほうは、基礎年金となる国民年金部分をベースに、在職時代に払ってきた保険料に比例した額が上乗せされます。

ですので、概算額を出すのが難しいのですが、仮に在職全期間における給料の平均額が30万円だったとすると、基礎年金も合わせて年間180万円くらいもらえる計算になります。

**⑦35歳から払い始めても将来もらえる?**

公的年金は、国民年金や厚生年金に加入して保険料を払ってきた期間が60歳までに、通算25年以上あれば、受給資格をクリアします。

したがって、いま35歳でこれまで一度も保険料を払ったことのない人は、60歳のリミットまで払うとギリギリ25年をクリアするのでセーフです。

ということは、いま40歳でこれまで一度も公的年金を一切払って来なかった人は、これから払い始めても完全にアウトと考えがちですが、そんなことはありません。

国民年金には「任意加入」と呼ばれる制度があり、60歳の時点で受給資格を満たせない人や、過去に未納期間があって40年の満額に満たない人は、65歳まで加入できます。

ですので、40歳から払い始めても支給開始の65歳までには、受給資格は、何とかギリギリでクリアできます(それ以上の年齢から受給資格を獲得する方法は7章を参照)。

ただし、未納期間が長いと、65歳までに保険料を納められる期間は、通常の40年よりも短くなりますので、もらえる年金額もそれだけ少なくなります。

《 5

## 年金の素朴な疑問4

# どうせ将来もらえないなら払わないほうが絶対おトク？

国民年金は、何も考えないで保険料未納を続けると大損？　そのカラクリに迫ります！

**⑧年金の保険料はいくらなの？**

平成20年度の国民年金の保険料は、一月1万4410円です（毎年4月に改定）。

一方、平成20年10月現在における厚生年金の保険料は、給料の15・35パーセントで、それを、会社と労働者で折半して払います。

月収20万円の場合、一月の保険料は3万700円と、国民年金よりはるかに高いものの、会社が半額負担してくれるため、自己負担額は、1万5350円と国民年金よりもほんの少し高い額で済みます。

**⑨未納分をこれから納めることはできないの？**

できます。ただし、さかのぼれるのは最長2年までです。それを超えた分については、いくら払いたくても受けつけてくれません。

## ⑩自分が払った分すら将来取り戻せないんじゃあないの？

何十年にもわたって高い保険料を払ったあげく、自分たちが受給開始年齢に達する頃には、スズメの涙しかもらえなくなる可能性はおおいにあります。

しかしだからと言って、保険料未納を続けると、もっと大きな損をする可能性が高いのが年金未納問題のやっかいなところです。

なぜならば、現実に公的年金の保険料を完全に未納にするのは至難の業だからです。

いま非正社員の人でも、待遇のいい仕事に変わったときには、本人の意志にかかわらず、社会保険に加入して厚生年金保険料を給料から強制的に天引きされてしまいます。

厚生年金も、ほかの公的年金とトータルして25年間保険料を納めないと、将来年金は1円ももらえません。過去に厚生年金に何年も加入している人は、その分と国民年金の期間も合わせて、結果的に25年をクリアできなかったら、過去に払った保険料は全額ドブに捨てたのと同じことになるのです。つまり、未納してトクしようと思う人ほど、結果的には大損する可能性が高いのです。

多少なりとも払った分を取り戻そうと思ったら、トータルで25年納めることは何が何でもクリアしなければならない最低条件と考えたほうがいいでしょう。

# 6 ≪ 保険料免除特典
# 本当は払わずもらえる!国民年金の超おトクなしくみ

では、国民年金の保険料を未納している人がいま取るべき方法は何でしょうか?

真っ先に検討したいのが国保のときと同じく保険料の免除申請です。

どうせ保険料を払わないと将来年金をもらえないのだから免除なんてしても、まったく意味ないじゃん。そう思う人がおそらく圧倒的に多いでしょう。

ところが、国民年金の保険料免除は「絶対にしておかないと大損する」と断言してもいいほど、超おトクな制度なのです。以下に免除のメリットをまとめておきましょう。

**①免除期間は、受給資格期間に算入される**

文句なしに、おいしいのがコレ。

免除申請せずに、ただ未納のままにしておくと、その期間は、将来公的年金をもらうために必要な受給資格期間（原則60歳までに25年間）には算入されません。

公的年金の保険料を払った期間がトータルで25年に満たないと、それまでさんざん払ってきた保険料はすべて掛け捨てになり、1円も取り戻せなくなるのですから大損です。

ところが、保険料免除が認められた期間については、たとえ1円も保険料を払っていなくても（全額免除の場合）受給資格期間に算入してくれます。

この措置を受けるのと受けないのとでは、大違い。

たとえば、国民年金は一切払わなかったけれど、厚生年金はすでに20年払ってきた人ならば、どうなるでしょうか？　そのまま放置しておくと将来、無年金者になってしまいますが、あと5年分を免除でつないでおくと、1円も追加で払わなくても、65歳以降年金がもらえるようになり、少なくとも過去に払った分くらいは取り戻せるようになるでしょう。

**②免除期間は、一部将来の年金額にも反映される**

免除が認められた期間は、受給資格期間に算入されるだけでなく、将来の年金額にもその一部が反映されるしくみになっているのがもうひとつの重要ポイントです。

一口に保険料免除と言っても、その人の収入額によって免除してもらえる額は違い、全額免除、4分の3免除、半額免除、4分の1免除と四段階に分かれています。

このなかでいちばんおトクな全額免除を例に説明しますと、全額免除が認められた人は、保険料を1円も払っていないのに、2分の1だけ払ったことにしてくれます。

公的年金（基礎年金部分）には、保険料とは別に最初から国が税金で負担してくれる部分があるためなのですが、免除申請をしない未納者は、せっかく国が税金で補填してあげると言っているのに「そんなのいらない」と拒否しているのと同じです。

基礎年金部分の国庫負担額は、平成21年3月までは3分の1だったのですが、平成21年4月からは、2分の1まで引き上げられましたので、平成21年度以降に全額免除を見事勝ち取った人は、1円も払わないでも「半額払った」として、将来の年金ポイントがつくわけです。極端なケースを言えば、平成21年度以降に25年間すべて全額免除が認められたとしたら、ただの1円も保険料を払わなくても、65歳から年間25万円程度の年金が支給される計算になります（40年納付の満額を80万円と仮定した場合）。

### ③無料または格安で生保メリットが得られる

国民年金には、本人が亡くなったら残された妻子に支給される遺族給付や、本人が病気やケガで障害者になったときに支給される障害給付があると先述しました。

当然のことながら、保険料を未納にしている人は、これらの生命保険メリットも一切享受できないのですが、免除申請が認められた人だけは、満額払った人とまったく同じに扱われます。つまり、保険料を1円も払わないでも（全額免除の場合）これらの生保メリットはしっかり得られるのです（ただし、過去1年間に未納期間がないことが要件）。

国民年金の保障額なんて、どうせたかがしれていると思ったら大間違い！

遺族給付は、18歳未満の子供と妻を残して夫が死んだら、残された妻子に、年間100万円程度の年金が支給されます。もうひとつの障害給付のほうは、2級障害で年間約80万円、1級障害ともなれば年間99万円も年金が、それぞれ支給されるのです。

免除が認められたら、保険料タダでそれだけの保険に加入できているのと同じ！

逆に言えば、免除申請をしていない未納者は、万が一にでも、交通事故等で障害者になったとき、障害給付が1円ももらえないリスクを常に抱えていることになります。

## ④10年さかのぼって保険料を払える

国民年金の保険料をさんざん未納にしておいた人が、「やっぱり将来が不安だから、過去の分を払いたい」と思っても、納められるのは過去2年まで。

それ以上は、いくら「払いたい」と言っても受けつけてくれません。

ところが、役所に保険料免除申請をしてそれが許可された人に限っては、10年までさかのぼって未納した分を払うことができます。

これが「追納」と呼ばれる制度。ただし、2年を超えた分には利息がついて、期限内に納めた人よりも多少は高い額を払わなくてはいけなくなりますが、リカバリーのチャンスがあるだけ、未納者に比べれば圧倒的に有利です。

## 7 えっ、そんな収入でもOK？
# 誰も知らない国民年金保険料全額免除基準

では、そんなにおいしい国民年金の保険料免除は、いったいどういう人ならば認めてもらえるのでしょうか。

国保と同じく、原則として、前年の収入額によってそれに該当するかどうかが審査されるわけですが、国保の場合、地方によって微妙にその審査基準や免除額が違っていたのに対して、国民年金の免除は、日本全国どこに住んでいる人でも、まったく同じ審査基準によってその可否を決定するのが大きな特徴です。

具体的な数字を挙げてしくみを説明しましょう96ページをみてください。

国民年金の保険料免除には、全額免除、4分の3免除、半額免除、4分の1免除の4段階に分かれていますが、このうち全額免除が認められる基準を図解したのが上の図です。

全額免除が認められるのは、ほとんど無収入の人だけかと思ったら、意外にそこそこ収入のある人でも該当する水準なのに驚くはず。

ちなみに、この全額免除基準を求める計算式は、次の通り。

・**（扶養親族の数＋1）×35万円＋22万円**

扶養家族のいない単身者の場合は、ズバリ前年の所得が57万円以下であれば、全額免除の対象者となります。

「そんな低い年収ありえない」と思った人は、国保の免除のときと同じく、基準となるのは「収入」ではなく、「所得」となっている点に注目してください。

所得57万円を給与収入に直すと、年収122万円（232ページ参照）。つまり、月収に換算すると10万円以下であればこの範囲に収まる計算です。

さすがにフルタイム勤務の人は、122万円なんて軽く超えてしまうでしょうけれど、1日8時間未満のシフト勤務の人は、この基準額以下の可能性もおおいにあります。

そうして見事保険料全額免除を勝ち取ることができれば、1円も払わなくてもその期間が受給資格期間に算入され、なおかつ2分の1を払ったものとして処理してくれるのです。

国民年金は、1年間未納なしに満額払うと2万円ずつ将来の年金額が増えていくしくみですから、1年間全額免除が認められますと、2万円の半分の1万円分年金が増えるチケットをタダでもらえるのと同じことになるわけです。

## 《 8 非正規社員なら大半が該当！
# 半額免除が認められる年収基準の意外な高さ

残念ながら、前年の年収が全額免除基準を軽くオーバーしてしまったという人は、今度は、一部免除に該当しないかどうか調べてみましょう。

先述した通り、国民年金の免除制度には、全額免除のほかに、4分の3免除、半額免除、4分の1免除――という3段階が設定されています。

さすがに、4分の1免除はおいしさイマイチなので問題外としても、半額免除以上を勝ち取れば十分におトクですから、フルタイムで働いている人でもクリアできる可能性の高い半額免除について解説しておきます。

具体的な半額免除基準の計算式は、次の通りです。

**・118万円＋扶養親族等控除額＋社会保険料控除**

扶養家族なしの単身者の場合は、所得118万円に、前年の社会保険料を足した額が半額免除基準になります。

仮に社会保険料が年間23万円（国民健康保険＋国民年金）と仮定すると、１１８万円＋23万円で１４１万円。所得１４１万円を給与収入に直すと、２２７万円。

このボーダーライン以下であれば、保険料は半額免除となるわけです。

その結果、本来なら1か月に1万４４１０円納めないといけないところが、たったの７２１０円でＯＫとなるわけですから、負担はかなり軽減されるはずです。

半額免除が認められた期間については、将来の年金額を計算するとき、4分の３（平成21年3月までは3分の2）を納めたものとして処理されますので、これでも確実におトクです。

以上が国民年金の保険料免除制度の概略です。

この制度を活用するには、ただ黙って待っていただけではダメで、年金手帳と印鑑を持って、自分から地元の市役所または社会保険事務所へ出掛けて申請しないといけません。

とはいえ、手続きは、免除申請の用紙一枚に必要事項を書いて提出するだけ。

あとは、役所があなたの前年（時期によっては前々年）の収入を元に審査し、全額免除、4分の3免除、半額免除、4分の1免除のどれかに該当するときには、その旨を後日決定した通知が送られてくるという流れです。

【国民年金保険料全額免除基準】

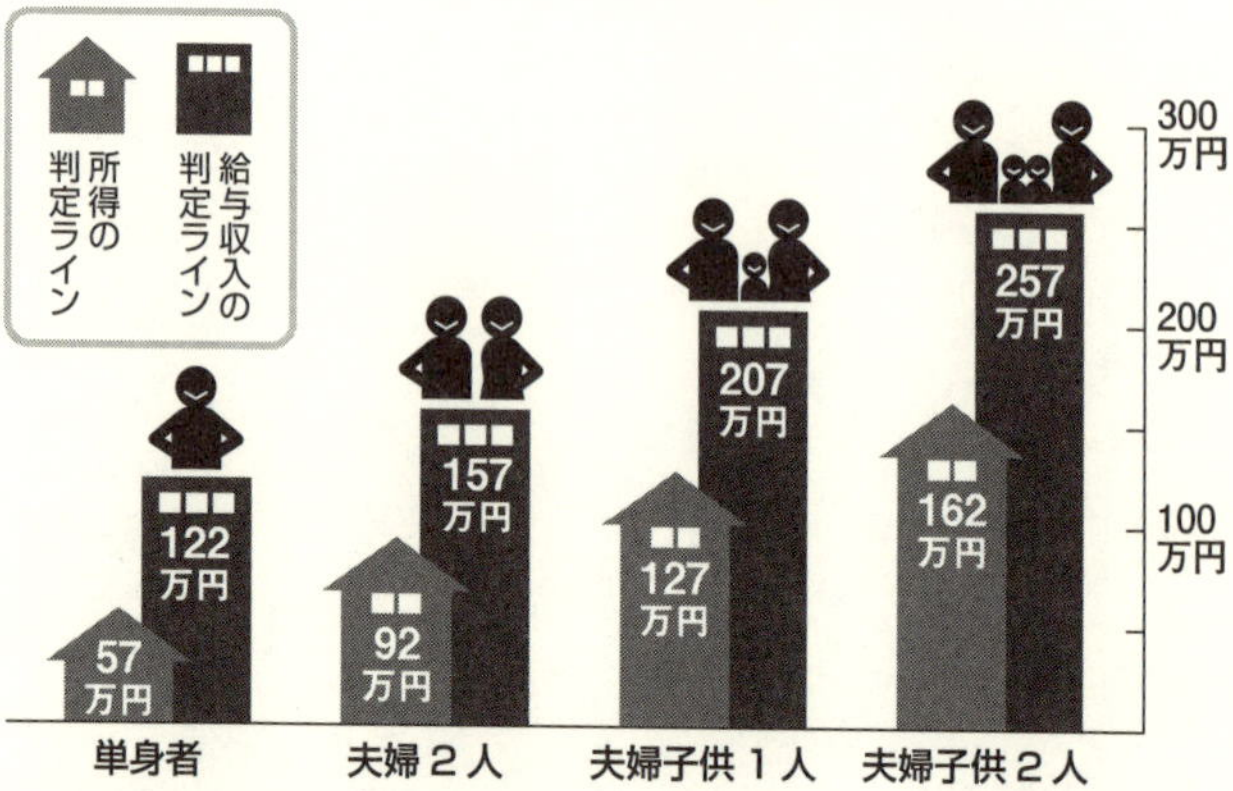


【国民年金保険料 多段階免除基準一覧〈単身者の場合〉】

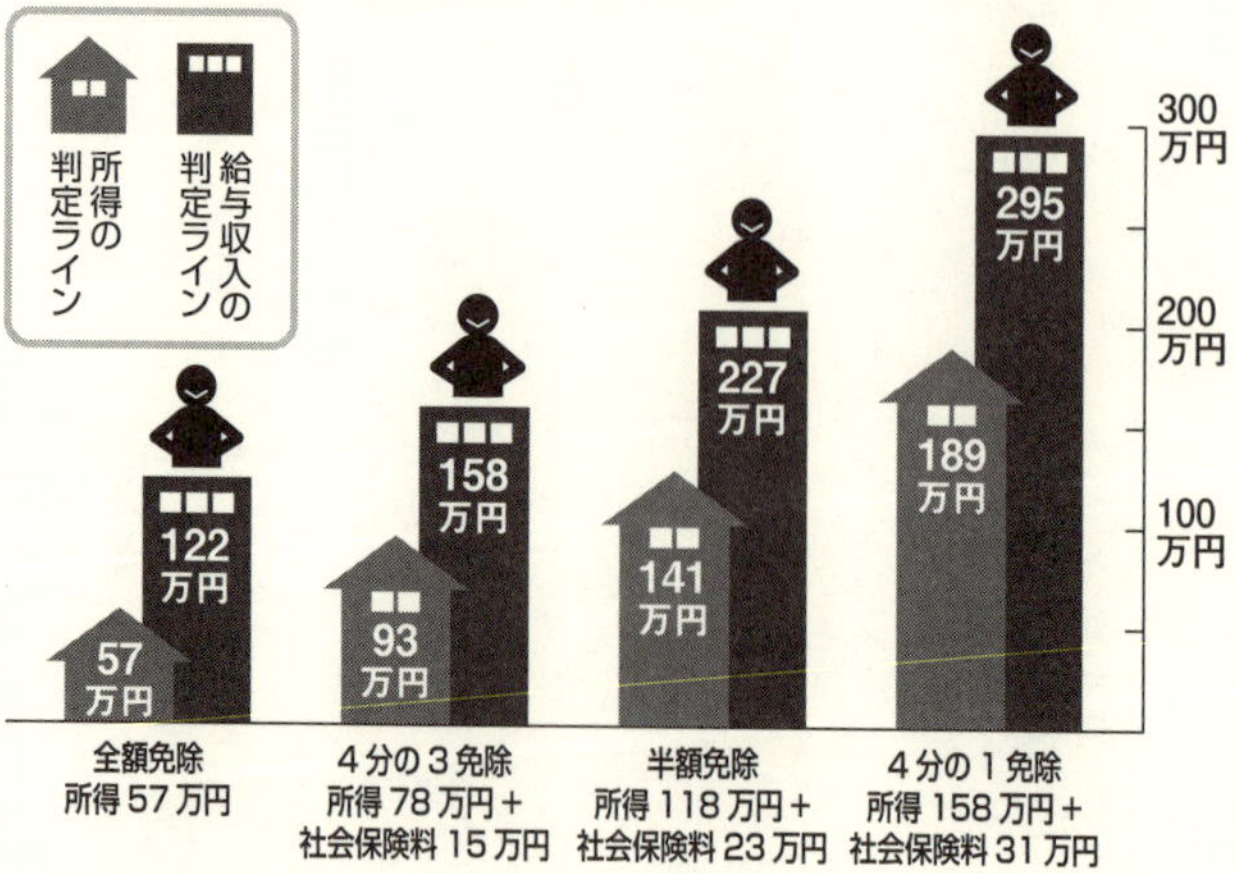


※上記の所得部分は、社会保険庁による独自試算データ。実際の社会保険料は、この表中の額よりも高くなるケースもあるため、上記の基準を多少超えた人でも全額免除または一部免除が決定される可能性はおおいにある。

# 9≪ ひとつ屋根の下で別居せよ！ 親と同居で免除却下なら「世帯分離」の届けを出す法

免除基準はクリアしているのに、申請するとなぜか却下されてしまうケースがあります。

国民年金も国保と同じく、免除の審査にあたっては、本人だけでなく、世帯主の収入も審査の対象となるため、たとえ本人の収入が免除基準に合致していたとしても、親の収入が一定以上あれば、けんもほろろに申請は却下されてしまうわけです。

保険料免除制度を活用しようとする若者の大半の人がこのカベにぶちあたっていて、親と同居していると、それだけで本来得られるはずの免除メリットが一切得られないのです。では、親と同居している人は、免除メリットを享受するのは、諦めないといけないのでしょうか。もちろん、諦める必要などまったくありません。

絶大なる威力を発揮するのが、国保のときと同じく「世帯分離」です。

親と同居している人は、親が世帯主となった住民票のなかに、自分が世帯の一員として入っているパターンが一般的ですが、そこで、自分だけが住民票のうえで、親の世帯から抜けて、独立した世帯主になればいいのです。

ここで改めて世帯分離について解説しておきますと、住所が同じでなおかつ親と生計が同一（同じサイフから家計費を出している）の場合は、世帯は分離できないのが基本です。しかし、すでに一人前に働いて稼いでいて、毎日の食費も自分で出しているなど、サイフが親と別であればどうなるでしょうか？　その場合は、たとえ住所が同じであっても、親とは生計が同一でないわけですから、住民票上でも、世帯を別にすることは、何ら問題はないのです。

もちろん住所は、いまのままでＯＫです。手続きも、本人が印鑑を持って市役所で「世帯を分離したいのですが」と言えば、いともカンタンにできてしまいます。

そうすると、親と同じ住所にあなたが独立した世帯を構えていることになり、国民年金の免除申請の審査は、あなたひとりの収入のみ対象となるわけです。

まったくコロンブスのタマゴみたいな話で、こんな方法があるなんて知っている人はほとんどいないために、みすみす多くの人が損しています。知っている人だけがトクをする知識と言えるでしょう。

なお、世帯分離をして保険料免除が決定されるのは、あくまで世帯分離以降の期間となり、過去にさかのぼってまでは決定されませんので、その点だけは勘違いしないようにしてください。

# 10 ≪ 活用しないと大損！ 仕事辞めただけで国民年金タダになる特例

年収500万円を超えているのに、なぜか国民年金の保険料は全額免除——。

免除制度をよーく研究していくと、常識で考えたらまずありえないそんなケースがごく普通にあることがわかります。

通常の免除は、前年の収入を基準に審査が行われるのに対して、前年の収入はまったく関係なく、あるひとつの事実のみをもってして、免除の決定が行われるのです。

それは、いったいどんな事実だと思いますか？

そう聞かれても「まったく考えもつかない」と思われるでしょうけれど、仕事をしている人にとっての「特別な不幸」と言えば、ピンとくるかもしれません。

そう、答えは、「失業」です。

では、どうして失業したら、国民年金が免除になるのでしょうか。

前年の年収で免除の可否を審査されるしくみですと、現在は失業して収入がゼロ円なのに、たまたま前の年は普通に働いていたというだけで、申請が却下されるという理不尽な事態が起きてしまいます。

国保などは、まさにそんな悪制度の典型で、これこそが保険料を滞納する人が跡を絶たない元凶のひとつだったのです。

そこで、国民年金の世界では、前年の収入額にかかわらず、「失業した」という事実だけをもってして、保険料全額免除を決定する「特例」が導入されたわけです。

しかし、単に「失業した」だけでは不幸とは限りません。雇用保険に加入していれば、失業期間中は在職中の給料に見合った額（5～8割）の失業手当がもらえるのですから。

ところが、その失業手当については、免除審査の対象には一切なりませんので、収入が普通にあっても、全額免除といういちばん有利な取り扱いをしてくれるのです。しかも、免除制度は、月単位ではなく、年単位で決定されるのがもうひとつのポイントです。

つまり、何月に申請しても、その年度の属する12か月丸まる保険料を払わなくて済む（または一部免除）措置が取られるのですから、こんなにありがたいことはないでしょう。

具体的な手続きとしては、退職後に、離職票、退職証明書、雇用保険受給資格者証など、失業していることを証明できる書類を持って市役所へ行けばＯＫ。

なお、世帯主である親と同居していたり、既婚で配偶者がいる人の場合は、失業していても、単に本人の収入が審査対象から外れるだけで、世帯主及び配偶者の収入は従来通り審査対象となりますので、その点だけは注意してください。

# ≪11 そんな方法があったのか! たった2か月の失業で2年間無料になる申請テク

非正社員の人は、失業したら年収の額にかかわらず全額免除となる特例をぜひとも上手に活用したいものです。

契約切れのピンチがやってきて、突然会社から更新なしを通告されることも普通にあるのが非正規社員の宿命。

また、派遣で働いていると、派遣先との契約が切れて、次の派遣先が決まるまで1か月程度待機させられる（一度離職することになる場合）こともめずらしくありません。

そんな〝不幸〟こそが、全額免除特典をゲットするまたとないチャンスと言えるのですが、一般の人は、免除制度のしくみをよく理解していないために、失業した際に「全額免除の特例を十分に活かしきれていないのが実情です。

たとえば、国民年金の免除のことだけ考えたら、いつ退職するのがいちばんおトクか、わかりますか？

国民年金免除申請の年度は、7月スタートの翌年6月エンドを1クールとしていて、いつ申請しても、免除は、申請日の直前の7月にさかのぼって適用されます。

ということは、7月に退職してすぐに国民年金の免除申請をすると、退職の月から翌年6月までの丸まる1年間にわたって、保険料を払わなくてよくなります。

それでも十分におトクなのですが、できれば、1か月前の6月に退職すると、もっとトクします。

まず、6月に退職してすぐに免除申請をすると、前年の7月から今年6月までの1年間全額免除をゲットできます。そして、翌月の7月になると、新年度に突入しますので、その時点で、まだ失業状態が続いていたとしたら、改めて免除申請をすると、今度は7月から翌年6月までの1年間全額免除となるのです。

つまり、一度の失業（しかも最短2か月間！）で、なんと2年間丸まる全額免除をゲットすることができるわけですから、これは、もう信じられないくらいおトクです。

「このところ運悪く、2年に1回は失業しているなぁ」なんて人ならば、年収にかかわらず、ほとんど毎年のように全額免除を勝ち取れるかもしれません。

# 12 ≪ 却下されてもめげるな！ すぐに再提出すると180度判定が覆る理由

申請のタイミングが大事なのは、失業したときに限りません。収入を理由に免除を申請する人にとっても、いつ申請するかによって、損得が大きく変わってくることもめずらしくないのですから。

２００９年５月に申請を出した場合、いつの収入が審査の対象になると思いますか？２００８年の収入が対象になると誤解しがちですが、２００７年の収入が対象になります。なぜならば、２００９年５月は、国民年金免除の世界では、まだ２００８年度（２００８年７月〜２００９年６月）に属しますから、その前の年は、２００７年だからです。

少しややこしいので、整理すると、以下のようになります。

- **1月〜6月までに申請→前々年の収入をもとに審査される**
- **7月から12月までに申請→前年の収入をもとに審査される**

コレを知らないで、５月に「去年は収入が少なかったから」と申請しても、一昨年の収入が多かったら免除は却下されるかもしれません。

しかも、このときに、一度免除申請が却下されたんだから、「1年間は無理」とそのまま放置してしまう二重のミスを犯しがち。

翌月の7月になってから再度申請すれば、今度こそ前年の収入が対象になってアッサリ免除の許可が降りる可能性大なのに、このしくみを知らない人は、せっかくの免除チャンスをみすみす逃してしまうのです。

鉄則は、6月末の年度末ギリギリまでに滑り込みセーフで免除申請をしておくこと。すると、前年7月までさかのぼって1年間の免除をゲットできるのですから。

もし、6月末に間に合わなかったら、ダメモトで前年分と今年分の2年分の申請をしてみましょう。7月上旬は、新年度と前年度の申請が混在している時期で、役所サイドは混乱しています。そのどさくさにまぎれて、新年度の免除申請書類と一緒に、前年度の申請書類（6月30日までの日付で）も持って行って同時提出してみるのです。

運よく両方とも認められれば、一度の申請で2年間の免除をゲットできますので、抜群に効率のいい手続きとなるわけです。

なお、2006年度からは、全額免除に限って、最初の申請時に「翌年以降も引き続き申請を希望する」としておけば、年度が変わるたびに毎年申請書を提出しなくてもよくなりました（ただし失業などの特例をのぞく）。翌年以降は、自動的に所得額をもとに審査してくれるのですから、免除は本当に手間いらずになりました。

# 《 13 「納付猶予」は損！ 落とし穴にはまらない免除区分の優先順位

免除がそんなに有利なんて驚き。だったら、もっと早くやっときゃよかった。そう思った人は、いまからでも遅くありません。市役所の国民年金課へ行って手続きしましょう。手続きは、申請用紙を1枚書いて提出するだけ。書き方も、市役所の人が親切に教えてくれますから、何の心配もいりません（必要書類等は事前に要確認）。

記入にあたって、ひとつだけ注意しないといけないのは、免除区分です。先述したように、一口に「免除」と言っても、全額免除のほかに、4分の3免除（4分の1納付）、半額免除（半額納付）、4分の1免除（4分3納付）の3段階あります。申請書では、このうちどの区分を申請するのかを選択するようになっていますので、その点は、勤務先から源泉徴収票をもらうなりして、前年（または前々年）の正確な収入を調べたうえで、事前によーく検討しておきましょう。

複数選択しておいて、有利な順から審査してもらうことも可能ですが、その場合に注意したいのは「納付猶予」というジョーカーのような選択肢が含まれていることです。

これは、30歳未満を対象とした「若年者納付猶予」制度のこと。

この制度、ほかの免除とは違い、もし認められたとしても、その期間については将来の年金額には一切反映されない文字通り「納付を猶予」してくれるだけのものなのです。

ただし、将来公的年金を受給するために必要な資格期間（最低25年）には含まれる（「カラ期間」と呼ぶ）のと、10年さかのぼって追納できるのは、ほかの免除と同じです。

ですから、未納にしておくよりははるかにマシと言えるのですが、全額免除はもちろん、ほかの3段階免除よりも、明らかに不利な選択であることは間違いありません。

どうして、このような制度があるかというと、親と同居しているために、免除申請しても却下される若者が多いため、そうした若者を救済するために設置された制度なのです。

すでに「世帯分離」という裏ワザを知っている本書の読者にとっては、それは、もはや何の魅力もないと感じることでしょう（世帯分離するまでの期間なら意味アリ）。

したがって、ほかの3段階の免除がすべて却下されたときに、最後のトリデとして「納付猶予」を審査してもらうというのはアリですが、これをほかの免除よりも優先して審査してもらうのは、あまり得策とは言えないでしょう。

もっとも、「全額免除以外は申請する気がおこらない」という人は、1円も払わなくていいこの納付猶予をうまく活用して、とりあえず受給資格期間だけ稼いでおくという考え方はアリです。そのあたりの損得は、一度じっくりと考えてみてください。

# 4章

# 前代未聞の年金倍増編

非正規社員こそフル活用せよ！
厚生年金で３倍トクする法

3号になりたい!
このお金があれば
あれもこれも…
国民年金高いなぁ!
納付書
厚生年金に加入しているサラリーマンの妻は国民年金1円も払わず将来満額もらえるって知ってた? 妻の年収が130万未満の場合「3号」って言うのよ
なにそれズッルーイ!
くやしかったら結婚するしかないよ
そうねいつになるかしらね…
グサ
でもね入籍してない内縁関係のカップルもOKで住民票に「未入籍の妻」と届ければいいんだって
フムフム と、いうことは……
Y本係長独身でしたよね
ここに名前とハンコを…
住民票
?
偽装3号はダメよ!

# 正社員と非正社員の違い

言われた事だけじゃなく自分で考えてやれ社員だろう
派遣は言われた事だけやればいい余計なことをするな
T中課長って正社員と非正社員に言うこと違うよね
でもさあそういう課長本人の方が…
T中くん北海道出張に行ったらH畑牧場の生キャラメルを買って来てくれんかね
娘が食べたがっててねー
ハイッ
…部長の言いなりロボットだよね
雇用形態と仕事内容は関係ないのがよくわかるわー

# 1 ≪ そんなバカな！
# 保険料を1円も払わず将来満額受給できる3号とは？

国保の世界では、親が加入している健保に、扶養家族として加入すれば保険料がタダになるという裏ワザがありました。

だったら、素朴な疑問として「それと同じようなことは、厚生年金でもできないの？」と思った人もいるかもしれません。

残念ながら、公的年金制度には、保険料がタダになる「扶養家族」という概念は、最初から存在しません。

健保や国保のように世帯単位ではなく、あくまで個人単位で保険料を負担するしくみで、それぞれの個人が将来自分がもらう年金を積み立てていくという発想をもとに成立している制度だからです（現在は、積立方式ではなく、そのときどきの現役世代が受給世代を支える賦課方式になっている）。

ただし、唯一の例外として、保険料を1円も払わないでも、将来年金を受給できる人がいます。いったい、それはどういう人だと思いますか？

そんな手厚い待遇が得られるのは、よほど社会的に大きなハンディを負っている人に違いないと思うかもしれませんが、実は、何の変哲もないごく普通の人で、厚生年金に加入しているサラリーマンの妻がそれに該当するんです。

これが、国民年金の「3号被保険者」と呼ばれる人たちで、実質的には、健保の被扶養者と同じく、保険料を1円も払わなくても保険メリットがフルに受けられるんです。

保険料免除の場合、一部払ったことにしてくれるだけですが、3号被保険者は、40年間1円も払わないでも、将来、国民年金を満額受給できるのが最大の違い。

これはもう、信じられないくらいおトクです。

3号と認められる要件は、厚生年金加入者と結婚している専業主婦であるというだけ。さすがに、妻が自分でも一人前に稼いでいたら、3号被保険者にはなれないものの、パートをしている程度（年収130万円未満）であれば、すべてそれと認められるのです。

独身の人にとっては、一切関係のない話ですが、現在の日本における公的年金制度は、なぜか、結婚している人のほうがトクするようになっていることだけは、この際ですから、しっかりと覚えておいてください。

## 2 なぜか未入籍でもOK！
# プロポーズの言葉は「僕の3号になってください」

いまや35歳を過ぎても独身なんて人は、男女問わずそのへんに腐るほどいますから、めずらしくも何ともなくなってきました。

そもそも「結婚」なんてのは、人類がまだ貧しかった時代にできた制度ですから、社会が成熟して豊かになればなるほど、気ままな生活を満喫できる独り身のほうが気楽でいいと考える人が増えるのは当然のことでしょう。

でも、そういう人も「将来一人のままでは不安だなぁ」と感じ始めたら、いまさらながら、結婚に向かって突っ走ってもいいかもしれません。

ただし、男性は、意中の女性にプロポーズするときに国民年金加入者だと、はっきり言って圧倒的に不利になることは覚悟しておいてください。

厚生年金加入者の妻ならば、3号として、国民年金の保険料はタダなのに、夫が国民年金というだけで、妻もその保険料を別に払わなくてはいけないからです。

逆に言えば、女性の場合は、厚生年金に加入している男性でないと、超おトクな3号にはなれませんので、いくら相手がイケメンでも、その点だけは要チェックです。

ちなみに、３号は、専業主婦ならぬ「専業主夫」でもＯＫ。

つまり、厚生年金に加入している妻をけなげに支える夫のほうが年収１３０万円未満であれば、３号被保険者になれますから、国民年金の保険料は40年間一切払わなくても、将来国民年金を満額受給できます。

さらに、もうひとつ覚えておいてほしいのは、３号は、正式に入籍していない、いわゆる内縁関係＝事実婚でも成立するということです。

これが入籍を絶対要件とする税法上の「配偶者」との決定的な違いです。

その場合、住民票に「未入籍の妻（または夫）」という記載がされていれば、問題なく３号と認められますので、「籍は入れてないけれど、もう5年以上一緒に住んでいる」ようなカップルは、役所でその手続きを事前にしておくことが大切です。

もっとも、「いい加減そんな不公平な制度廃止しろ！」という声が大きくなって、３号被保険者という存在そのものが近い将来なくなるかもしれませんが。

## ≪ 3 誰と結婚するのがおトク？

# 一流企業勤務25歳より定年間際59歳が有利な理由

ここに国民年金未納歴8年のA子さんという28歳の女性がいるとします（要するに国民年金をただの一度も払ったことがない）。彼女が次に挙げる3人の男性からプロポーズされました。さて、どの人を選ぶのがいちばんおトクでしょうか？

**①病弱でもうすぐ定年退職を迎えるB男さん（59歳 厚生年金加入）**
**②一流企業に勤務しているエリートC男さん（25歳 厚生年金加入）**
**③売れないミュージシャンだけど親が資産家のD男さん（22歳 国民年金加入）**

おそらく、ほとんどの人は②のC男さんと答えるでしょう。なかには、親が資産家ならとD男さんがいいと思う人もいるかもしれませんが、まさか、①のB男さんと答える人は、ひとりもいないはず。

ところが、正解は、その「まさか」なんです。

最初に、親が資産家のD男さんがなぜダメかというと、親の遺産を相続できるのは、親が亡くなってからですから、まだ22歳ですと、あと何十年も先になるかもしれないからです。何より、加入しているのが国民年金ですから、A子さんは3号にもなれず大損。

じゃあ、一流企業勤務のC男さんは、どうしてダメなんだと叱られそうですが、理由はただひとつ。それは「年下」だからです。

年金でトクするカップルの絶対条件は、厚生年金加入の夫のほうが国民年金だけの妻よりも年上であること（妻と夫は逆でもいい）です。

A子さんと結婚したB男さんが、65歳から厚生年金を受給開始したとします。そのとき、B男さんの年金には、不思議なことに、妻であるA子さんの分が年間39万円もプラスして支給されるのです。A子さん自身が国民年金をもらえるのは、30年以上先のことなのですが、厚生年金には、まだ年金をもらえない年下の妻がいる場合は、家族手当を意味する「加給年金」という制度があり、B男さんには、それがオマケで支給されるわけです。

ということは、A子さんがいるために、B男さんは、加入年数や現役時代に払ってきた保険料とは一切関係なく、年金が40万円近くも上乗せされることになります。

これがいつまで支給されるかというと、妻が自分の年金をもらえるまで！

A子さんの場合、30年超にわたって夫の年金に加給年金がプラスして支給されるのですから、年が離れたカップルほど厚生年金でトクするという意味が、これでよくわかるはず。

# 4 《《 男性諸君はヒモをめざせ！ ベストな結婚相手は30歳年上の厚生年金加入者

B男さんとは対照的なのが一流企業勤務25歳のC男さんと結婚した場合です。

A子さんは、３号として国民年金の保険料は40年間１円も払わずに済みますが、C男さんが年金をもらえる頃には、すでに年上のA子さんが年金をもらっているでしょうから、加給年金の支給はなし。女性が年上というだけで、家族手当のような給付は一切受けられないのですから、実に理不尽な制度です。

そうは言っても、結婚した時点ですでに60歳近くで病弱のB男さんは、元気でいられる期間も短いのではと思うかもしれませんが、不謹慎なことを言えば、年金のことだけ考えたら、万が一のことがあっても、決してソンではありません。

不幸なことに、もし、B男さんが年金をもらい始めたとたんに、A子さんと生まれたばかりの赤ん坊を残して、突然亡くなってしまったとします。

すると、A子さんと子供には、遺族基礎年金と遺族厚生年金がダブルで毎月入ってきます（子供１人の場合、遺族基礎年金約１００万円＋遺族厚生年金約50万円（平均給与30万円の場合）で年間150万円前後）。

遺族基礎年金は、子供が18歳になるまでしか支給されないものの、遺族厚生年金のほうは、A子さんが将来自分の年金をもらえるまで支給。さらに、もし自分がもらえる年金よりも、亡くなった夫の遺族厚生年金のほうが有利だったら、そのまま死ぬまで遺族厚生年金をもらい続けることもできます。

つまり、ただの一度も国民年金の保険料を払ったことのないA子さんでも、B男さんにもしものことがあったら、30代にして早くも年金生活者になれるわけです（ただし、子供がいない妻には、遺族厚生年金のみ支給）。そのときに、加給年金のメリットを最大限得られ、もしものときでも、遺族基礎年金と遺族厚生年金のダブルでより長くもらえるのが、夫が厚生年金で年下の妻がいるパターンなのです。

なお、加給年金の支給要件は「一家の大黒柱が厚生年金に20年以上加入していて、なおかつもう一方の配偶者が、逆に厚生年金に20年以上加入していないこと」だけ。

ですから、女性は、厚生年金には20年以上加入しないで、できるだけ年上で厚生年金単独で20年以上加入見込みのある人と結婚しておくのが、トクする年金の必須条件と言えるでしょう。男性でも、将来ヒモをめざすならば、20年以上厚生年金に加入見込みがあり、なおかつ自分よりもできるだけ年上という条件を満たすキャリア女性を探すといいかもしれません。

## 5 高負担低給付に怒れ！
# 乗り換えないと大損する関西都市部の国年・国保の人

国民年金の免除は、いわば応急措置のようなもの。いまの負担を大きく減らすと同時に、将来年金が1円ももらえなくなる事態を回避するには、このうえもなく有効です。

一方で、免除はあくまで応急措置ですから、根本的な治療まではできないのが弱点。そもそも、国民年金は40年間1か月も未納なしに納めても80万円弱の年金しかもらえない制度なので、そこだけをいくら改善したところで、パワー不足なのは否めません。

そこで次のステップとして注目したいのが厚生年金です。厚生年金は、保険料そのものが高いので、加入すると手取りが大きく減ってソンと思っている人もいるかもしれません。

しかし、1章で詳しくみてきたように、厚生年金は、健康保険とセット加入ですから、その両方を合わせた厚年・健保の負担総額を国年・国保と比べると、たいして変わらないか、むしろ厚年・健保のほうが負担額が減るケースすらめずらしくないのです。

月収20万円の単身者、千葉県千葉市在住の30歳のケースで、みていきましょう。

**・国保保険料年間約12万円＋国民年金保険料年間約17万円＝年間社会保険料約29万円**

このケースでは、年収に占める社会保険料の割合は、約12パーセントです。

では、この人が厚年・健保に乗り換えたらどうなるでしょうか？　健康保険が8・2パーセント（政管健保）、厚生年金が15・35パーセントのトータル23・55パーセント。それを会社と本人で折半するとしたら、本人負担は約12パーセントとなり、厚年・健保に乗り換えても、年間社会保険料負担は、ほぼ同じということになります。

千葉市の国保保険料は、首都圏の都市部のなかでは、ごくフツーの水準です。

ところが、関西地方の都市部のなかには、それよりもはるかに高い市町村もあります。たとえば、大阪府堺市の場合、同条件での国保の保険料は約20万円。これに国民年金の年間17万円を足すと、年間社会保険料は37万円となり、年収の約15パーセントにも！

つまり、堺市に住んでいる国年・国保の人は、わざわざ一般のサラリーマンよりも高いお金を払って、将来もらえる年金が安くなるソンな選択肢を選んでいることになります。

そういう人は、一刻も早く厚年・健保に変えるべきでしょう。

千葉市で国年・国保の人も、まったく同じ負担率であれば、厚年・健保に変えて、将来、国民年金よりも圧倒的に有利な厚生年金をもらったほうが間違いなくおトクでしょう。

「厚生年金は高い」は、社会保険料をトータルでみないことから起きる大きな誤解なのです。

## 6 ≪ 正社員でなくてもＯＫ！安月給でも社保アリに転職したほうが有利な理由

では、厚生年金に入るには、どうしたらいいのでしょうか。

もちろん、正社員でなくても、一定以上の条件で働いてさえいれば、いともカンタンに加入することができます。

厚生年金の加入要件は、２章で解説した健保とまったく同じ。健保に加入できれば、それとセットで必ず厚生年金にも加入することになるわけです。

その要件を、改めておさらいしておくと、以下の２点です。

**①１日または１週の所定労働時間が一般社員のおおむね４分の３以上**
**②１か月の所定労働日数が一般社員の４分の３以上**

正社員は、１日８時間週40時間勤務が一般的ですから、１日６時間以上または週30時間以上勤務していていればＯＫ。月の勤務日数は、正社員が21日だとすれば、16日以上でクリアしていることになります。

明らかに加入要件を満たしているのに、加入手続きを取ってくれなかったら、会社の住所を管轄する社会保険事務所に相談してみてください。会社に対して指導してくれるでしょう。それでもダメだったら、社会保険に加入できる会社に絞って転職活動を始めるべし。

転職活動をするときに重要なのは、単純に額面給与だけで志望企業を選ばないことです。

社保あり勤務よりも、社保なし勤務のほうが額面給与の額は、会社が負担する費用が軽い分だけ、高くなっている傾向があります（そのほかの条件が同じと仮定して）。

しかし、社保なし勤務は、国保と国民年金が全額自己負担ですから、その分を考慮に入れて条件を比較してみると、必ずしも給与が高いほうが有利とは言えません。

つまり、多少額面給与は低くても、健保と厚生年金の保険料の半額を会社が負担してくれる、社保ありのほうがトータルで考えたらおトクなこともめずらしくないのです。

何より、社保なしの条件を平気で提示してくる会社は、人件費コストに非常に厳しい会社であることを意味しますから、「こっちのほうが給与が高い」と思って安易に選ぶと、不況になったとたん突然契約を切られたりして、結果的にはソンな選択になりがちであることは肝に銘じておくべきでしょう。

# 7 春は働きすぎるな！ 社会保険料を安くする上手な働き方のコツ

国民年金から厚生年金に変わることによって、手取り給与は多少減ったとしても、将来に対する安心感が得られることのメリットを考えれば、十分おトクと言えるのです。

でも、できれば、厚生年金に加入しても、給与天引き額は少ないにこしたことはないですよね。こんなに毎月何万円も引かれるんだったら、激高国保を払ってでも国民年金を未納にしたほうが、まだマシなんて思ってしまうと、また、元の木阿弥です。

そこで、マスターしたいのが厚生年金の保険料を安くする裏ワザ。

常識で考えたら、そんなことはまず不可能なんですが、厚生年金保険料徴収のしくみを少しだけ勉強すると、働き方によって保険料が変わることがわかるのです。

そこで練習問題。

厚年・健保の保険料は、給与にそれぞれの料率をかけた額になるわけですが、では、その給与とは、いったいいつの時点の額を元に計算されると思いますか？

入社したての頃は、最初の給料を元に計算される（資格取得時決定）のですが、しばらくすると、一定期間にもらった平均給与を元に計算されるようになります（定時決定）。

平均給与と言うからには、過去1年くらいの期間にもらった額を平均するのかと思ったら、厚年・健保の世界では、毎年4月〜6月の3か月間のみの平均額が10月徴収分から翌年9月徴収分の保険料計算に適用されるのがポイントです。

そうすると、たまたま4月〜6月だけ給料が増えてしまうと、結果的にその後の1年間にわたって厚年・健保の保険料もアップしてしまいます。ですから、これらの保険料を安くしようと思ったら、4月〜6月の3か月間は、不用意に稼ぎ過ぎないことが大切です。

たとえば、派遣の仕事で、4月〜6月のみ、ものすごく忙しい派遣先で残業アリの仕事なんか請けてしまうと、そのほかの時期はまったくヒマで給料が安くても、バカ高い社会保険料を払わないといけなくなります。

逆に、残業一切なしの派遣先の仕事が、ちょうどこの時期に当たったりするとどうなります？　給料が減って社会保険料も激安になる可能性大！

また、自分の希望でシフト勤務日を決められるサービス業の場合、この時期に勤務日を極端に増やしすぎるのも同じくソンです。

したがって、毎年、4月〜6月だけは、シフトに入る日は、少しだけ抑えぎみにしておく。そして、7月からは、めいっぱいシフトに入る！

これを実践するだけで、1年間トータルした社会保険料が安くなるわけです。

## 8 副業は非正規社員の特典！
## 超安月給でも年14万円小遣い増！ 2つの勤務でトクする裏ワザ

仕事探しの発想を180度切り替えることで、社保アリのクチにありつき、なおかつ厚年・健保の保険料を劇的に安くする裏ワザをひとつ伝授しておきましょう。

ふつうは、だれもが1円でも給料が高いクチを探すものですが、逆に、給料はいくら安くてもいいから、とにかく厚年・健保に加入できるクチを最優先して探してみるのです。もちろん正社員でなくてもOK。できれば、それらに加入できる最低ラインの週30時間程度で、なおかつ体力的にもできるだけラクな仕事なら理想的です。

でもって、その本業では、たとえ月に15万円しか稼げなくても、そのほかの空いた時間帯に副業をして、そちらで月10万円稼いだ場合、社会保険料は、どうなるでしょうか？

両方にかかると思いますか、それとも本業の給料にしかかからないと思いますか？

答えは、後者。税金は、本業と副業のどちらにもかかってくるのに対して、厚年・健保の保険料は、あくまで加入している会社の給料に対してしかかからないのです。

ということは、本業のみで月25万円稼ぐ人と、本業15万円＋副業10万円の人とでは、全く同じ収入でも、社会保険料負担がまるで違ってくることになるわけです。

厚年・健保の自己負担率は概算で給料の12パーセントですから、本業のみ25万円の人は、月約3万円天引きされます。ところが、もう一方の本業15万円＋副業10万円の人の場合は、15万円にのみかかる月約1万8000円の天引きで済む計算です。

**その差は月に1万2000円。年間で14万円以上も違ってくるのです！**

もっとも、厚生年金は、払う保険料が安くなった分だけ将来受け取る年金額も減りますので手放しでは喜べませんが、それでも国民年金のみよりははるかにマシ。健保にいたっては、保険料と給付の関係は一切ありませんから、デメリットはほぼゼロ。

ですから、社保に加入さえできれば、本業の給料は安くてもいいという考え方も、場合によっては成り立つわけです。

ただし、月15万円稼ぐ本業がフルタイムの場合ですと、副業をする時間的余裕がありませんので、この裏ワザは成立しません。逆に言えば、本業の勤務日が週3〜4日の条件であれば、残り週2〜3日を副業にあてることで、月に5万〜10万円程度は社会保険料が一切かからないで稼げるわけです。

でも、週3〜4日勤務で社保アリのクチなんかみつかるのかなと、みなさん疑問に思うかもしれません。社保に入れるのはフルタイム勤務以上が原則ですから、そんなに都合のいい仕事は、なかなかないのではと。

よく探せば、週3～4日勤務でも社保アリのクチはあるのですが、なかなかみつからないという人は、宿直勤務のある仕事に着目してください。

いまや、24時間体制で動いている職場は腐るほどあります。なかでも、ビル設備の保守管理や警備、24時間体制で顧客対応が求められる各種メンテナンスやサービス提供企業は、24時間職種の定番。最近では、特別養護老人ホームなどの介護福祉の現場でも、夜間から翌朝までの宿直勤務の求人ニーズが発生していて、慢性的な人手不足に陥っています。

宿直勤務の場合、連続12時間とか24時間勤務もザラ。勤務日は「週3～4日から可」としているところも少なくありません。勤務時間数が多ければ、当然、社保にも入れます。

そのうえ、基本的には昼間のようなハードな作業は一切なく、緊急事態に備えて待機するだけで仮眠もアリとくれば、勤務のない日に副業で稼ぐにはもってこいの条件がそろっているといえるでしょう。

探し方は、いたってカンタン。ハローワークに登録されている求人を一括検索できるハローワーク・インターネットサービス（ハロネ）で、勤務地など基本的な条件を入力した後、詳細条件入力ページにジャンプし、フリーワードに「宿直」と入力して検索するだけ。職種や業種で絞り込まなくても、一瞬にして指定した地域で募集している「宿直」の求人をダイレクトに出せるのです。この手の宿直の仕事をうまく活用すると、社会保険料を激安にしつつ、いともカンタンに収入アップをはかれるのです。

# 5章

# 危機一髪のピンチ脱出編

働けないときお金がもらえる
雇用保険 120%活用術

理論武装せよ
派遣切りに迫る!!
アナログ
契約切られて寮も一週間以内に出てけって言われて・・・・
ひゃーー 明日は我が身だな
こういう人って失業保険もらえないのかな
会社が加入してなかったり もらえる要件を満たしてないケースも多いらしいよ
やっぱり いざという時に役立つのは専門知識だよな
法律の勉強するぞ!
むずかし〜い
失業保険
おーー がんばれよーー
15分後
ぐーー
こいつには無理だな

# 空白の？時間

やっと正社員！
しゃーーっ
今度こそ人間関係失敗しないで長く勤めるぞ
被るぜ猫
すみません 私のミスで……
お前がこうしろって言っただろーー
次から気をつけてよ
もう飲めません～
またまたぁ
新歓の主役なんだから飲んで飲んで
飲めねーっつってんだろっ
ブラックアウト
チュン チュン
がばっ
朝!?
どうやって帰って来たの!?
チラ
すいません すいません
ビクビク
アネゴ…♥
!?
昨日一体何をしでかしたの私
聞きたいけど怖くて聞けない

# 1 毎月1200円払えば0K！
# 退職後に総額42万円もらえる最強のセーフティーネット

法改正されるたびに給付が削減されて、昔と比べたらおトク感は薄れたとはいえ、いまだに、いざというとき、いちばん役立つセーフティーネットが雇用保険です。

雇用保険の特徴としては、第一に、負担する保険料の割に、もしものときにもらえる金額が大きいことが挙げられます。

保険料の自己負担分は、給料のたった0・6パーセント（2009年度のみ0・4パーセントになる見込み）。月給20万円でも、1200円しか天引きされません。健保の約4パーセント、厚生年金の約7パーセントに比べたら、はるかに負担は軽いのです。

一方で、退職後に失業手当としてもらえる額は、どんなに安月給だった人でもその8割の手当を最短90日間支給されることが保障されています。

月給20万円の人なら、給料の7割程度の月14万円を3か月にわたって支給されますから、総額で42万円ももらえることになります。

月に1200円払っておけば、もしものときそれだけのお金をもらえるのですから、雇用保険は、加入しないと大損すると言ってもいいくらいのおトクな保険なのです。

医療費の自己負担が三割で済むだけの健保や、何十年後の老後にもらえるお金が増える厚生年金から比べると、ただ会社を辞めただけでお金をもらえる雇用保険は、契約更新のたびに失業のピンチが襲ってくる非正社員の人にとっては、何がなんでも入っておきたい保険と言えるでしょう。

それでいて、雇用保険は、厚生年金や健保に比べて、圧倒的に加入しやすい点にも注目してください。

「一般社員の4分の3以上の勤務」を加入要件とする厚年・健保ですと、実質週30時間以上勤務していないと加入できません（一般社員を1日8時間週40時間労働とした場合）。ところが、雇用保険の場合は、それよりも10時間も少ない週20時間で加入義務が生じてきます。

したがって、厚年・健保には加入できなくても、雇用保険には加入できる可能性も十二分にありうるのです。

極端なケースでは、健保は親の扶養家族として加入して保険料負担ゼロ、国民年金は全額免除が認められて1円も払っていない人が、雇用保険だけにはちゃっかり加入して、会社を辞めるたびに、失業手当をもらうことだって可能なのです。

## ≪ 2 短期契約でもＯＫ！
# 黙って1年勤務したら自動的に生じる加入義務

そんなおトクな雇用保険は、どんな人が加入できるのでしょうか。

健保や厚生年金と同じく「正社員でないと加入できない」なんてことはまったくありません。

具体的には、以下の要件を満たしていれば、誰でも加入できます。

**①1年以上（注）、引き続き雇用が見込まれる者であること**
**②1週間の所定労働時間が20時間以上であること**

単純に契約内容だけから判断すれば、とりあえず、6か月契約の人は対象外ですが、1年契約であれば①は問題なくクリアできます。

もうひとつ②の「週20時間以上」は、1日4時間労働なら週5日以上勤務、1日5時間労働なら週4日勤務で、それぞれ要件を満たしていることになります。

では、6か月や3か月など1年未満の契約で働いている人の場合は、加入できないのでしょうか。

そんなことはありません。たとえ1年未満の契約を交わしていたとしても、次のうち、どれかひとつでもあてはまれば、その時点で加入しなければなりません。

**a　契約書で更新の規定が設けられているとき**

**b　その事業所における過去の就労実績からみて、契約を1年以上(注)にわたって反復更新することが認められるとき**

**c　その後の就労実績からみて、1年以上(注)にわたって、反復して雇用されることが見込まれることとなったとき**

特に「c」に注目してください。当初は、短期の契約であってもそれを何度か更新して1年以上(注)働くようになった場合には、その時点で加入義務が生じるわけです。

要するに、臨時や季節的な仕事に就いた場合をのぞいて、レギュラーで働いていて、その給料で生活している人の場合は、原則としてすべて雇用保険に加入手続きしなければならないことになっているのです。

**(注)2009年4月からは、「1年以上」が「6か月以上」に改定される見込み**

## 3 未加入ならこうする！
# 退職後に堂々と告発して失業手当をゲットする法

明らかに、雇用保険に加入義務があるにもかかわらず、加入手続きをしない会社があります。

従業員数人の中小企業だけに止まらず、多数の従業員を抱え、名前を聞けば誰もが知っている会社ですら、「非正社員は加入しない」としているケースもあるくらいです。

そんなときには、契約書の内容がどうなっているのかを一度確かめてください。

注目したいのは、契約期間。1年以上雇用する場合でも、わざと2か月とか短期契約を小刻みに更新する手口が横行しています。短期契約であれば、臨時雇用と解釈され、雇用保険に加入する義務はありませんから、その抜け道をついた実に姑息なやり方です。

もし、あなたがそんな目に遇ったら、事業所を管轄するハローワーク（ハロワ）へ出掛けて相談してみてください。

ハロワで、「1年以上（2009年4月以降は6か月以上）雇用の見込みがある」と判断されれば、ハロワから勤務先に対して、加入手続きをするように指導してくれます。

そのとき、非正社員は、雇用契約書、雇入通知書、労働条件通知書など、労働条件が明示された文書の提示を求められますので、それらも持っていきましょう。

少しやっかいなのが入社時に会社から何の文書も交付されていないケースです。労働時間や契約期間などが明確でないと、雇用保険の加入義務があるかどうかをハロワでも明快に判断できないのです。

しかし、労働条件を明記した文書を労働者に交付しないことも、明らかに労基法違反です。その場合、まずはハロワから会社に対して労働条件を明示した文書を交付するように指導してもらってから、改めて雇用保険加入義務の有無が判定されることになります。

でも、自分がハロワに告発したことが勤務先にバレると、上司にイジワルされて会社にいづらくなるじゃあない。そう心配に思う人は、退職した後にハロワに駆け込みましょう。

覚えておいてほしいのは、雇用保険は、たとえ退職した後であっても、入社時にさかのぼって適用できることです（ただしさかのぼれるのは最長2年まで）。

民間の保険であれば、事故が起きてから加入するなどということは、ありえないことなのですが、雇用保険に限っては、退職してから過去にさかのぼって加入してもらい、その時点で受給資格を満たしていれば、晴れて失業手当をもらえるようになるわけです。

保険料の本人負担分もさかのぼって払わなければなりませんが、後からもらえる失業手当の額を考えれば、たいした額ではないでしょう。

## 4 何か月勤めたらもらえる？
# 退職理由で大きく違う失業手当の支給要件

雇用保険にただ加入しているというだけでは、退職後に失業手当がもらえるとは限りません。失業手当をもらうためには、以下の要件をクリアしている必要があります。

**・退職前の過去2年間に雇用保険に加入して保険料を払っていた期間（被保険者期間）が12か月以上あること（期間が丸まる1か月あり、そのうち出勤日が11日以上ある月のみ1か月として計算）**

要するに、勤続1年以上にならないと、受給資格は発生しないわけです。まだ半年しか勤務していない人は、あと半年は何としてでも我慢して勤めるべきでしょう。

ただし、ひとつの会社では加入期間が12か月に満たなくても、ほかの会社での加入期間を足すと12か月になるときは、受給資格が発生します。

たとえば、いま勤務している会社は、まだ半年しか加入していなくても、前に勤めていた会社でもう半年加入していた場合は、両方の加入期間を通算するとちょうど12か月になって受給資格はギリギリ、クリアすることになります。

勤続11か月で退職した人は、とりあえず今回の失業では失業手当の受給資格は満たせませんが、次の転職先で雇用保険に加入して1か月以上勤務すると、その時点で受給資格を獲得できるわけです（ただし、再就職までに1年を超える空白期間がある場合は、その前の加入期間は通算できない）。

しかし、自分ではいくら1年以上勤めたいと思っても、思い通りにいかないのが世の常です。1年たたないうちに、会社から解雇されたり、突然会社が倒産してしまったりすると、受給資格を獲得できないまま失業に突入してしまいます。

そこで、この規定には、ひとつ例外的な措置が設けられています。

すなわち、会社の一方的な都合によって退職した人（会社都合）に限っては、自分から辞表を出して退職した人（自己都合）の半分の期間（退職前1年間に6か月以上）雇用保険に加入していれば、受給資格が得られるようになっているのです。

自己都合は1年勤務、会社都合は6か月勤務で、それぞれ受給資格が得られると覚えておいてください。

## 5 いくらもらえる？ 会社都合なら割増される失業手当算定のしくみ

雇用保険の受給資格をクリアすると、退職後には、いくらくらいもらえるのでしょうか。

退職後にもらえる失業手当の額は、在職中にもらっていた給料の5割〜8割です。

いくら給料が安かった人でも、生活に困らないように8割近い額が支給される一方で、逆に給料が高かった人は5割に近い額になるしくみになっているわけです。

計算方法としては、まず、退職前6か月間にもらった給料の総額（各種手当はすべて含むがボーナスはのぞく）を１８０で割ります。

そうすると、その人が1日当たりもらっていた平均賃金（賃金日額と呼ぶ）が出ますので、それにあらかじめ決まっている給付率（１４０ページ参照）をかけて、1日当たりもらえる失業手当（基本手当と呼ぶ）を出すようになっています。

めやすとしては、月給12万円なら、その8割の9万６０００円、月給20万円になると、その7割の14万円弱、月給27万円でその6割の16万円——と覚えておくといいでしょう。

次に、それだけの額の失業手当が何日分もらえるのかも計算しないといけません。

これを「所定給付日数」と呼び、雇用保険に加入していた期間の長さ（被保険者期間と呼ぶ）によって決まります。

加入期間が10年未満の人は、すべて90日です。10年以上になると30日分プラスされて120日に、さらに、20年以上になると30日プラスされて150日になるしくみです。

1年加入の人も9年11か月加入の人も、所定給付日数は同じ90日ですから、勤続年数が長い人ほどより長期にわたって失業手当が支給されるとは言えないわけですが、これには、もうひとつ特別ルールがあります。

それは、会社から解雇を言い渡されて辞めたり、突然会社が倒産して失業した人（会社都合退職者）に限っては、自己都合で辞めた人よりも所定給付日数が優遇されるシステムになっていることです。

たとえば、30歳以上の人が雇用保険に5年以上加入して退職した場合、自己都合では90日しかもらえません。ところが、退職理由が会社都合になったとたんに、その2倍の180日にわたってもらえることになるのです。20代の人でも、会社都合ならば、5年以上加入で自己都合より30日も多い120日もらえますから、この差はあなどれません。

つまり、会社都合になると、ふつうは1年しないと得られない受給資格が6か月で得られるうえに、所定給付日数も割増支給（年齢・加入期間によっては）されるわけで、困っている人には手厚く保障する制度になっているわけです。

## 【 失業手当の算出方法 】

### ●失業手当を 1 日にいくらもらえる?

①「賃金日額」を求める

賃金日額＝ 退職前 6 か月の給料の総額（ボーナスをのぞく） ÷180

②「基本手当日額」を求める

①で求めた「賃金日額」を〈表 A〉にあてはめ、その「給付率」をかけると「基本手当日額」が出ます。ただし、※印のゾーンについては、以下の計算式で正確な「基本手当日額」を出してください。(1 円未満の端数は切り捨て)

なお、「賃金日額」と「基本手当日額」は〈表 B〉のように下限額が定められています。

【※1 のケース】

$$Y = (-3W^2+73{,}700W) \div 76{,}900$$

【※2 のケース】

$$Y = (-7W^2+131{,}940W) \div 129{,}400$$

$$Y = 0.05W+4{,}212$$

(上記のいずれか低いほう)

W= 賃金日額　Y= 基本手当日額

〈 表 A 〉

【1】離職時の年齢が 30 歳未満・65 歳以上

| | 賃金日額 | 給付率 | 基本手当日額 |
|---|---|---|---|
| | 2,060 円～ 4,060 円 | 80% | 1,648 円～ 3,248 円 |
| ※1 | 4,060 円～11,750 円 | 80～50% | 3,248 円～ 5,875 円 |
| | 11,750 円～12,660 円 | 50% | 5,875 円～ 6,330 円 |
| | 12,660 円～ | － | 6,330 円(上限額) |

【2】離職時の年齢が 30 歳以上 45 歳未満

| | 賃金日額 | 給付率 | 基本手当日額 |
|---|---|---|---|
| | 2,060 円～ 4,060 円 | 80% | 1,648 円～ 3,248 円 |
| ※1 | 4,060 円～11,750 円 | 80～50% | 3,248 円～ 5,875 円 |
| | 11,750 円～14,060 円 | 50% | 5,875 円～ 7,030 円 |
| | 14,060 円～ | － | 7,030 円(上限額) |

【3】離職時の年齢が 45 歳以上 60 歳未満

| | 賃金日額 | 給付率 | 基本手当日額 |
|---|---|---|---|
| | 2,060 円～ 4,060 円 | 80% | 1,648 円～ 3,248 円 |
| ※1 | 4,060 円～11,750 円 | 80～50% | 3,248 円～ 5,875 円 |
| | 11,750 円～15,460 円 | 50% | 5,875 円～ 7,730 円 |
| | 15,460 円～ | － | 7,730 円(上限額) |

【4】離職時の年齢が 60 歳以上 65 歳未満

| | 賃金日額 | 給付率 | 基本手当日額 |
|---|---|---|---|
| | 2,060 円～ 4,060 円 | 80% | 1,648 円～ 3,248 円 |
| ※2 | 4,060 円～10,530 円 | 80～45% | 3,248 円～ 4,738 円 |
| | 10,530 円～14,980 円 | 45% | 4,738 円～ 6,741 円 |
| | 14,980 円～ | － | 6,741 円(上限額) |

〈 表 B 〉

| 賃金日額下限額 | 基本手当日額下限額 |
|---|---|
| 2,060 円 | 1,648 円 |

(平成 20 年 8 月 1 日改訂)

## 【失業手当を何日分もらえるか】

〈自己都合で退職した人〉

| 年齢＼被保険者期間 | 10年未満 | 10年以上<br>20年未満 | 20年以上 |
|---|---|---|---|
| （制限なし） | 90日 | 120日 | 150日 |

〈会社都合で退職した人（特定受給資格者）〉

| 年齢＼被保険者期間 | 1年未満 | 1年以上<br>5年未満 | 5年以上<br>10年未満 | 10年以上<br>20年未満 | 20年以上 |
|---|---|---|---|---|---|
| 30歳未満 | 90日 | 90日 | 120日 | 180日 | ー |
| 30歳以上<br>35歳未満 | 90日 | 90日 | 180日 | 210日 | 240日 |
| 35歳以上<br>45歳未満 | 90日 | 90日 | 180日 | 240日 | 270日 |
| 45歳以上<br>60歳未満 | 90日 | 180日 | 240日 | 270日 | 330日 |
| 60歳以上<br>65歳未満 | 90日 | 150日 | 180日 | 210日 | 240日 |

〈障害者などの就職困難者〉

| 年齢＼被保険者期間 | 1年未満 | 1年以上 |
|---|---|---|
| 45歳未満 | 150日 | 300日 |
| 45歳以上<br>65歳未満 | 150日 | 360日 |

※65歳以上は高年齢求職者給付金として、退職理由にかかわらず、被保険者期間が1年未満は30日、1年以上は50日が失業認定後に一時金として支給される。

# 6 ≪ いつからもらえるの？
# 知らないと大慌てする手当受給スケジュール

次に、失業手当をもらうまでのスケジュールについても知っておきましょう。

受給までには、知らないと大慌てする落とし穴がいくつか潜んでいるからです。

まず、退職後1週間くらいしてから「離職票」という書類が会社から送られてきますので、それと雇用保険被保険者証（自分で保管しているか、または退職日に会社から渡される）、免許証など本人確認ができるものを持って、住所地を管轄するハロワへ手続きに行きます。この、初めてハロワに手続きに行った日から数えて7日間は「待期」と言って、本当に失業しているのかどうかを見極めるテスト期間です。この期間については、どんな人も手当は不支給となります。手当の支給対象となるのは、その7日間を失業の状態で過ごした後からなのですが、その時点ですぐに手当が振り込まれるわけではありません。

実は、この後の給付スケジュールも退職理由によって違ってくるのです。

先に、会社都合で退職した人からいきますと、次のようになります。

最初にハロワに手続きに行った日から1～2週間後に設定される受給説明会に出席し、

なおかつ、手続きをしてから原則として4週間後に設定される第一回めの失業認定日に出席します。すると、そこで最初の3週間分（7日間の待期をのぞいた日数）の手当が確定し、支給となるのです（実際に振り込まれるのは、さらにその数日後）。

受給説明会では、雇用保険制度の基本的なしくみや失業手当の受給にあたっての注意点についてのガイダンスが行われます。失業認定日のほうは、認定期間中にアルバイトをしていなかったか、就職活動はちゃんとしていたかなどが提出した申告書で細かくチェックされて、「本当にこの期間は失業していましたね」と認定する日です。

会社都合で退職した人でも、手当が自分の口座に振り込まれるのは、最初にハロワに手続きに行ってから、原則として4週間後になってしまうわけです。

自己都合で退職した人の場合は、受給説明会と第一回めの失業認定日に出席するまでのスケジュールはまったく同じですが、7日間の待期を満了した後に、3か月間も「給付制限」と呼ばれるペナルティーが課せられるのが決定的な違いです。

3か月間の給付制限期間満了後に設定される第二回めの失業認定日に出席してはじめて、最初の手当が振り込まれる流れになりますから、最初の手当を受け取れるのは、ハロワで受給手続きをしてからなんと4か月後になってしまうのです。

自己都合で退職する人は、「辞めたらすぐに失業手当もらえるから」などと取らぬタヌキの皮算用をしていると、予期せぬ無収入期間ができてエラい目に遇うかもしれません。

## 7 非正規社員の特典？「契約期間満了」なら給付制限なしの理由

非正社員が雇用保険を活用するにあたっては、理論通りにいかないことがいくつかあります。

その最たるものが「会社都合で退職することが意外に難しい」ことでしょう。

これまでみてきたように、雇用保険制度では、勤続6か月で受給資格が得られたり、所定給付日数が上積みされたり、はたまた、給付制限なしで翌月から失業手当を受け取れたりと、重要なポイントでは、ことごとく会社都合で退職する人が優遇されています。

この退職理由は、雇用形態とは直接の関係はありませんので、非正社員でも正社員と同じように、会社から一方的に解雇されたり、会社が倒産した場合には、当然、会社都合として扱われます。

ところが現実には、なかなかそうはならないのです。

なぜならば、非正社員の場合、6か月契約とか1年契約など、あらかじめ雇用期間が定められているのが一般的ですから、会社が人員整理をしようとするときには、契約期間途中には解雇せず、その契約期間満了を待って「次回の契約は更新しない」とするケースが圧倒的に多いからです。

その場合、退職理由は、会社都合ではなく「契約期間満了」となります。

意外に思われるかもしれませんが、「契約期間満了」は、あくまで自己都合のバリエーションのひとつにすぎません。

ですから、6か月で受給資格が得られたり、所定給付日数が上積みされるといった会社都合退職者に与えられる特典は、原則として一切得られないのです（ただし、平成24年3月末までは、暫定的に「会社都合」として扱われる。詳しくは、150ページ参照）。

その代わりといってはなんですが、退職理由が「契約期間満了」とされれば、労働者と会社側のどちらが「契約更新」を拒否したかにかかわらず、3か月の給付制限だけは課せられないことになっているのです。

ココが重要ポイント！　不利な期間契約で働く労働者が、その条件を拒否して退職するのは、「正当な理由がある」わけですから、給付制限を課すには余りに理不尽。そのため、自分から契約更新を拒否しても、「給付制限はなし」の措置が取られているのです。

この点だけは、非正社員にとっては、大きなメリットと言えるでしょう。

会社と交わした契約期間が満了するタイミングで辞めさえすれば、「給付制限なし」の特別措置をいともカンタンに獲得することができるのですから。

# 8 3年勤務更新アリで会社都合優遇になる

## 《 非正規社員は割増なし？

では、「契約期間満了」で退職すると、一般の会社都合退職者が得られるメリットを受けられる可能性はまったくないのでしょうか。

結論から言えば、以下の要件を2つとも満たしている人であれば、会社都合として扱われる可能性が出てきます。

**①過去に契約を1回以上更新している**
**②いまの職場に3年以上勤務している**

これらの要件を満たしている場合には、労働者と会社のどちらが契約更新を拒否したかによって、退職理由は決まることになっています。

すなわち、会社側が契約更新を拒否したら、会社都合となりますが、労働者本人から契約更新を拒否すると、正当な理由のない自己都合退職となり、給付制限も3か月丸まるかかってくるのです。

要するに、契約を一回以上更新して3年以上勤務した人については、正社員とまったく同じに扱われるわけです（「契約期間満了」という概念はなくなる）。

したがって、すでに1年契約を更新し、もうすぐ2回めの更新時期がやってくるという人は、ここが思案のしどころでしょう。

いまの仕事は、とてもそう長くは続けられないので、そろそろほかの会社に転職したいと思っている場合、今回の契約を更新してしまうと、次回からは、会社側が契約更新を拒否しない限り、給付制限がかかってきます。

たとえ次回以降、会社側が契約更新を拒否して会社都合扱いになったとしても、加入期間が5年以上にならないと所定給付日数の割増はありません（141ページ参照）。年齢も高くなるほど、転職活動はますます苦戦するかもしれません。

だったら、もうすぐやってくる次の契約更新時に、思い切って自分から退職して、給付制限なしで失業手当をもらいながら就職活動に専念したほうが有利ではないかという考え方も十分に成り立つわけです。

勤続年数が短いほうが有利というのも、まったくおかしな話ですが、制度には必ずこの種の矛盾点が出てくるものですから、そこは自分に有利なように活用すべきなのです。

9 《

## 派遣はココに注意！
# 期間満了で退職しても給付制限がつく落とし穴

非正社員のなかでも、例外的なケースが多く注意が必要なのが派遣で働く人です。

派遣会社の場合、2か月以内の契約では加入できないケースが多いものの、2か月を超えて働くとその時点で雇用保険に加入するのが一般的になっていますので、加入そのものについては、あまり心配はいりません。派遣でいちばん困るのが「契約期間満了」で退職しても、ほかの非正社員のように、給付制限なしで失業手当をもらうことが思った以上に困難な点です。

まず第一に、契約期間満了で退職したとき、ハロワで、こう聞かれることがあります。

「同じ派遣会社からの仕事を今後も希望しますか？」

そのときに、うっかり「希望しません」などと答えてしまうと、その時点で、あなたは自己都合退職とみなされて3か月の給付制限が課せられてしまうのです。なぜならば、派遣の場合は、単に契約期間が満了しただけでは退職したとは言えず、派遣元が「次の派遣先を探す努力をしたけれども結果的にどこもみつからなかった」ときに初めて退職となるからです。派遣会社が次の派遣先を紹介しても、それを拒否するつもりである以上、「自分のワガママで仕事を辞める勝手な奴」とみなされて給付制限がつくというわけです。

したがって、そういうときには「もちろん、希望します」と答えておくべきです。

第二に、離職票の問題があります。派遣を契約期間満了で退職しても、どういうわけか派遣会社は、1か月程度経過しないと離職票を送ってくれません。

これも、契約満了イコール退職ではなく、派遣会社は、1か月程度は次の派遣先を探す努力義務を負っているためで、その期間中は、まだ完全に退職が確定していないので離職票は出せないのです（そのように厚労省に指導されている）。

1か月たたないうちに離職票を送ってくれる親切な（？）派遣会社もありますが、それを持ってすぐにハロワに手続きに行ったりすると、これまた「まだ派遣会社が次の派遣先を探しているうちに、自分の意志で退職した」とみなされて、3か月の給付制限をモロに課せられてしまうのです。

いずれにしろ、派遣元との契約が切れたら、1か月程度の空白期間をおいてからでないと、ハロワへは手続きに行けないのです。この点はよく覚えておいてください。

空白の1か月間は、派遣会社が休業補償でもしてくれるのなら我慢もできますが、単に無収入期間ができるだけですから、理不尽極まりない話です。

厚労省の通達が、派遣労働者に不利益をもたらしている典型的なケースと言えそうです。

# 10 《 〝派遣切り〟でも諦めるな！

# 1年未満の勤務でも失業手当が受給できる法改正

雇用保険のセーフティーネットは、網の目が大きいため、現実には、ネットのスキ間からスルリと落ちてしまう人も少なくありません。

非正社員のなかでは、1年未満の契約で働く人たちがその典型でしょう。

そもそも雇用保険に加入義務が生じるのは、「1年以上雇用の見込みがある」ことが要件となっていますので、3か月契約や6か月契約で働く人は、最初から雇用保険の対象外として扱われがちです。

また、たとえ雇用保険には加入できていたとしても、勤続1年未満で退職すると、「受給資格なし」と判定されてしまいます。

一般の加入者は、会社都合退職であれば、6か月加入で受給資格が得られますが、6か月契約を「期間満了」して退職した人は、あくまで自己都合扱いですから、1年以上加入していないと受給資格を得られないのですから。

そんな矛盾がモロに表われたのが2008年秋から2009年春にかけて相次いだ製造

業における〝派遣切り〟でした。

派遣契約の途中解除（または期間満了）と同時に、会社から借りていた寮から追い出された人のなかには、契約期間が1年に満たないために、退職後に失業手当を受給できない人が続出しました。

職と住むところを一挙に失ったうえに、生活を立て直すための生活資金すら確保できないのですから、いかに非正社員の生活基盤が脆いものかを世間に強く印象づけました。

そこで、政府は緊急的な方策として、それまで、「1年以上雇用見込み」としていた雇用保険への加入要件を、２００９年4月から「6か月以上」と改めることにしました。

また、雇用期間3年未満で、本人が契約更新を望んだのにもかかわらず、会社サイドが更新を拒否したため「契約期間満了」によって退職した場合でも、一般の会社都合退職者と同じく、6か月以上加入で受給資格が得られ、なおかつ所定給付日数も上積み（年齢によっては）するように、改正されることになったのです。

ですから、在職中に雇用保険に加入していたかどうかにかかわらず、法改正以降に6か月以上勤務して会社から一方的に契約を打ち切られた場合には、失業手当を受給できるはずですので、受給資格がなくてもカンタンに諦めず、ハロワに相談に行ってください。

なお、契約更新を拒否されて退職しても「会社都合」と同じに扱われる特別措置は、平成24年3月31日までの暫定措置となっています。

## 11 エッ、そんなことできるの⁉
# 給付制限を乗り切る裏ワザ

運悪く給付制限を課せられて、3か月無収入になってしまった——そんなピンチを乗り切る裏ワザをいくつかご紹介しておきましょう。

**①ハロワの紹介で職業訓練を受講する**

就職に役立つ知識や技能を無料で教えてくれる職業訓練は、「ガテン系はちょっと……」と敬遠する人も多いのですが、ハロワの紹介でココに入ると、ありがたいことに訓練開始日から給付制限は解除されて、失業手当をもらいながら通えるのです。

最近は、民間専門学校に委託したIT関係のコースも腐るほどありますから、給付制限を解除しつつ、パソコンの技能を習得しておく絶好のチャンスになるかもしれません。

ただし、退職してからめぼしいコースを探して応募するとなると、それだけで訓練開始まで3か月くらいかかってしまいます。退職前から情報を集めて（場合によっては退職前に応募手続きまでしておく）、すぐに受講開始できるタイミングで退職するのがコツです。

**②受給手続きしてからバイトする**

一度受給手続きをした後は「バイトは一切してはいけない」のが雇用保険のオキテ（発覚すると3倍返し）なのですが、何事もよく研究してみると、抜け道はあるものです。

3か月の給付制限期間中に短期契約で働くとどうなると思いますか？

そもそも、給付制限期間中は、1円も手当が支給されないわけですから、働いて収入を得たからといって、手当とダブルで受給できる可能性は完全にゼロ。

したがって、給付制限中のみの短期契約ならノープロブレム（7日間の待期をのぞく）。

もちろん、失業認定日には、働いた日数と収入を報告する義務があります。

**③受給手続きせず、短期バイトする**

退職しても、あえて受給手続きをせずに、もう数か月だけ別の会社で働いてから受給する方法です。仕事は2～3か月の短期派遣でＯＫ。

で、その短期派遣の仕事を辞めてから、改めて受給手続きに行くとどうなります？　給付制限が課せられるかどうかは、最後に辞めた会社での退職理由によって決まりますから、この場合は「契約期間満了」となって、給付制限はなしとなるのです。

派遣になると、無収入になる1か月の空白期間ができてしまいますが、それでも丸まる3か月の給付制限をひたすら無為徒食に過ごすよりは、はるかにマシと言えるでしょう。

## 12 失業手当を増やす法1

# ≪ 退職前は1分でも多く働く

失業手当は、退職前にもらっていた給料を元に計算するのですが、その給料とは、どの時期を対象にするか覚えていますか？　そう、在職全期間ではなく、あくまでも退職前6か月でしたよね。

この点に注目すると、1日当たりもらえる失業手当（基本手当日額）を増やすには、どうしたらいいか、すぐに思いつくはずです。

普通の人は、退職が決まったら、テキトーに仕事してさっさと帰りたくなるものですが、それが失敗のモト。

退職前の数か月は、1分でも多く残業や休日出勤をするべきで、シフト勤務の人なら、1日でも多くシフトに入って体力の限界まで働いておくべきなのです。

そうして最後の1～2か月だけでも、ラストスパートしておくと、その分だけ収入が増えて退職後の生活に備えられるだけでなく、失業手当計算の元となる額もアップするため、結果的には、これからもらう失業手当も増えるというわけです。

# ≪13 失業手当を増やす法2
# 給付切れ直前に職業訓練受講

給付制限を課せられた人でも職業訓練を受講すると、その開始日から手当が支給されると先述しましたが、もうひとつ、同じような主旨で設けられている特別措置があります。

いわゆる「延長給付」と呼ばれているのがそれで、雇用保険の受給資格のあるうちに訓練を開始すると、たとえその途中で所定給付日数分の手当をすべてもらいきったとしても、訓練の全課程修了まで、手当の支給が延長される制度です。

この制度をフルに活用すると、信じられないくらい長く手当をもらうことができます。たとえば、所定給付日数90日の人が、支給残10日となったところで、6か月の職業訓練を開始したとします。すると、10日で受給資格切れとなるところが、訓練修了まで延長給付となり、80日＋180日で260日も受給することができるのです！

さすがに、わざと失業手当を多くもらうためだけに訓練を受けようとするのはアウトですが、自分が志望する分野の就職に役立つ分野のコースであれば、難なく延長給付をゲットできるはずです（ただし、受講にあたっては書類選考または簡単な試験がある）。

# 14 ≪ 失業手当を増やす法3 「会社都合」にトコトンこだわる

雇用保険制度では、退職理由が会社都合になると、自己都合と比べて所定給付日数が大きく増えるしくみになっています。この点に注目すると、何か気づきませんか？

そう、失業手当をより長くもうための最後の切り札として使えるのが、「トコトン会社都合にこだわってみる」方法です。

１５８ページの表をみてください。会社都合（特定受給資格者）と認められるケースを細かく列挙しています。たとえ形式的には、自分から辞表を出して辞めたとしても、このうちどれかひとつでもあてはまれば、その時点で会社都合になるのです。

具体的には、離職票を持ってハロワで最初に手続きに行ったときに「実は、こういう事情で辞めたんです」と異義申し立てをすればＯＫ。

たとえば、「月45時間を超える残業が退職前3か月続いた」にあてはまれば、会社都合と認められる可能性大。もちろん、ハロワの係官は必ず証拠の提示を求めますから、毎日出社時間と退社時間を手帳にメモしておいたり、詳細な業務日誌などもつけておいて、それを提出するのがコツです。

上司のパワハラやイジメなどが原因で辞めた場合は、退職後に元の同僚に、確かにそのような事実があったと一筆書いてもらってその文書を証拠として提出すれば、いともカンタンに退職理由の判定が覆るはずです。

また、セクハラが原因で退社する人の場合は、社内のセクハラ相談窓口（企業には設置義務がある）に改善要求を出すのが先決。そうしたにもかかわらず、会社側は何の措置も講じなかったので退社したとなれば、明らかに会社都合となります。

したがって、社内の相談窓口に改善要求をしたという証拠（文書）をしっかりと残してから辞めるのがコツでしょう。

20代で雇用保険に5年以上加入している人なら、自己都合から会社都合に変わるだけで、90日だった所定給付日数は、一気に30日分増えて120日になるのですから、この差は決して小さくありません。

もっとも、会社都合で所定給付日数が増えるのは、5年以上加入もしくは年齢が45歳以上（1年以上勤務）のゾーンなので、その条件にあてはまる人でないと所定給付日数面でのメリットはまったくないのですが。

まだ勤続年数の短い若い人の場合は、むしろ、6か月勤務で受給資格を獲得したり、3か月の給付制限を解除するために、この裏ワザが大きな効果を発揮するはずです。

## 【会社都合退職者と認められる主な条件】

①会社が倒産したため退職（破産など法的手続開始のほか金融取引停止の原因となる不渡手形の発生を含む）。

②勤務先の事業所が廃止または縮小したため退職（事業所で 1 か月以内に 30 人以上が退職または 1 年以内に従業員の 3 分の 1 超が退職した場合）。

③勤務先の事業所の移転により通勤が困難（おおむね往復 4 時間以上）となったため退職。

④一方的に会社から解雇されて退職（懲戒解雇など自分に責任がある場合を除く）。

⑤希望退職制度（退職 1 年以内に始まったもので募集期間 3 か月以内）に応じて退職。

⑥契約社員として、雇用契約を 1 回以上更新なおかつ 3 年以上勤めたのに、会社から新たに契約を更新しないと通告されたために退職。

⑦労働条件が採用時と大きく違っていたために退職（ただし 1 年以内）。

⑧2 か月以上連続して、給料（固定給）の 3 分の 1 超が支払期日までに支払われなかったため退職。

⑨何の予告もなしに給料（固定給）を 15%超下げられたために退職。

⑩月 45 時間を超える残業が退職前 3 か月以上続いたために退職。

⑪特定の職種を専門に行なうために採用されたのに、別の職種の仕事を命じられ給料も下がったために退職。

⑫同じ職種に 10 年以上就いてきたのに、突然、何の訓練も行なわずに無理やり、まったく畑違いの職種に配転させられたために退職。

⑬上司や同僚から、毎日のようにイジメや嫌がらせを受けたため退職。

⑭家族に看護の必要な病人がいるのに、無理やり転勤を命じられたために退職。

⑮セクハラをされて会社の担当部署や行政機関に相談したにもかかわらず、1 か月たっても何も改善されなかったため退職。

⑯労働者の生命・身体を保護する法令に事業所が違反していて、その点について行政から改善するよう指摘されたにもかかわらず、1か月以上経過しても改善されなかったため退職。

⑰契約期間は 1 年未満だったものの「契約更新の予定あり」との約束で、長く勤めるつもりで働き始めたにもかかわらず、結果的に契約を一度も更新されずに退職。

# 6章

# 苛斂誅求の税金奪還編

知らないと年間10万円ソンする
非正規社員の確定申告マニュアル

税金はわからん！
税金高いとか言うけど俺税金なんて払ったことないけどな
なにいってんの
天引きされてんじゃん
は？
だからー給料から税金がすでに引かれてるんだよ
確定申告すれば少し戻ってくるかもよ
そうかカクテイシンコクだな！それやる！
勉強するぞ！
むずかし〜い確定申告
そーがんばれよー
15分後
ぐー
やっぱり無理だな

## あなたがささやかな幸せを感じるときは？

残業続きで久しぶりに早く帰れたとき
（28歳 派遣女性）
まだ明るいわ！
飼い猫と遊ぶとき
（30歳 派遣男性）
よしよし
にゃっ
にゃにゃっ
パタパタ
ベランダのゴーヤーが日に日に成長しているのを見るとき
（37歳 パート女性）
やっぱりチャンプルーかしら
うまいメシと晩酌
（25歳 アルバイト女性）
く〜〜っ
娘よ…
函館の祖父母の所で昆布漁の手伝い
（23歳 派遣女性）
大漁ぉ
ざばあっ

## 1 ココが勘違いポイント！

# 自営業でなくても必要経費が認められる給与所得控除

一口に税金と言っても、消費税もあれば、酒税やタバコ税、所有不動産にかかる固定資産税、自動車税と、ありとあらゆるモノにかかっていますが、とりあえず、毎月もらう給料にかかってくるのが所得税です。

あなたはいま、収入にどれくらいの所得税がかかっているのか知っていますか？

給与所得者は、自分で税金を納めた経験がまったくないためか、直接手取り収入に影響してくる所得税すら何パーセントか知らない人がほとんどだと思います。

所得税の税率は、課税所得金額によっても違っており、もっとも低いゾーン（１９５万円未満）でも５パーセント。

そこから所得が増えるにつれて１９５万円以上は10パーセント、３３０万円以上は20パーセントと段階的（６段階）に税率は上がっていき、１８００万円以上になると最高で40パーセントの税率が課せられています（ただし、１８００万円以上の人でも、１９５万円未満の部分は５パーセントなど、各段階の税率が適用される）。

「えっ、そんなに払ってんの？」と、ビックリした人も多いでしょうけれど、実際にはこの数字からイメージするほど高くはありません。

所得税というのは、給与としてもらった収入額にそのままかかってくるわけではなく、「所得」を基準に計算されるのが、第一のポイント。

国保や国民年金のところで、保険料が減額されたり、減免される基準がすべてこの「所得」がもとになっていたのを思い出してください。

「こんな低い額ありえねえ」と思っていたら、意外に高い収入でも基準をクリアしていましたね。

ほとんどの人が、この所得のカラクリに騙されるため、国保や国民年金で損するのです。

「所得」とは、わかりやすく言うと、収入から必要経費を差し引いた後にサイフに残る額のこと。

そう言うと「フツーの給与所得者は、商売やっている人みたいに必要経費は認められないはず」と思いがちですが、その考えが最大の誤解です！

サラリーマンやバイト・パート・契約社員などの給与所得者でも、実は「必要経費」は認められているのです。

その点は、次項でさらに詳しく迫っていきます。

## 2 ≪ 収入から二段階の控除？

# 年収1000万円なら所得税60万円になるカラクリ

自営業者だけ必要経費が認められて、勤め人にはそれを一切認めないというのは不公平。そこで、給与所得者の場合は、領収書を1枚1枚計算してかかった費用を個別に算定するのではなくて、給与収入の額によって一律に必要経費が決められているのです。

これが、いわゆる「給与所得控除」と呼ばれるものです。

膨大な数の勤め人が個人事業主のように、いちいちかかった費用を細かく計算して税務署に申告するのは繁雑すぎますから、「収入がこれくらいの人はいくら」というふうに一律で認めてあげようというのがこの制度の主旨なのです。

たとえば年収1000万円の人は、自営業者で言えば、売上が1000万円なのと同じ。そこから必要経費とも言える給与所得控除を引いた年間の給与所得は780万円程度。

では、この所得額に前述した所得税率が直接かかってくると思いますか？

答えはノーです。

所得額を計算した後、もう一段階、今度はさまざまな控除を差し引くのが所得税のややこしいところで、具体的には、扶養している妻や子供がいる人は、配偶者控除や扶養控除を、厚生年金や健康保険の保険料を払った人は、社会保険料控除を、医療費を一定以上払った人は医療費控除を、それぞれ所得から差し引いた額に所得税がかかるようになっています。

この所得からさまざまな控除を差し引いて出た額のことを「課税所得」と呼び、ようやく、この額に所得税はかかってくるのです。

たとえば年収1000万円の人の場合、給与所得は780万円ですから、そこから、専業主婦の妻がいる人は、配偶者控除38万円、子供が2人いたら扶養控除38万円かける2の76万円、厚生年金と健康保険の保険料が110万円かかったらそれが全額社会保険料控除になってその分も引いたりと、どんどん控除を引いていくと、計算の元になる課税所得は500万円ちょっとになってしまいます。

すると、年収1000万円の人でも、最終的に納めないといけない所得税は、60万円程度になるわけです。

給与所得控除は、いくらからいくらまではこれだけと決まっているのに対して、そのほかの「控除」は、家庭の事情が配慮されるのが大きな特徴で、「この人は、妻子を養っていて生活がタイヘンだから税金を安くしてあげよう」というふうになっているわけです。

## 3 主婦でなくても知らないとソン！ 103万円＋αまでは所得税ゼロになる3つの控除とは？

配偶者や扶養家族がひとりもいない人でも、認めてくれる控除もあります。それが「基礎控除」と呼ばれるものです。

基礎控除は、家庭の事情などは一切関係なく、すべての勤労者には一律38万円分を必ず控除してくれるようになっています。

言い換えれば、「人間が生命を維持していく最低限のお金には税金を課しませんよ」としているのが基礎控除の主旨です。

つまり、年収38万円までの人は、所得はゼロになって1円も所得税はかからないわけです。

この基礎控除の38万円に加えて、シングルの人は、先述した勤め人のための〝みなし必要経費〟である給与所得控除があったのを忘れてはいけません。

では、それも足すと、いくらまでの給与収入だったら、所得税は一切かからないのでしょうか？　ヒントは、世間でよく言われる専業主婦の収入。と言うと、ピンとくる人もいるでしょう。

そう、給料が年間103万円までだったら、所得税は1円もかかりません。

専業主婦がパートをする場合、この収入までに抑えないと損することを「103万円のカベ」と呼びます。

103万円を月給に換算すると、8万5833円。

フルタイムで働いているとありえない額ですが、パートタイム勤務になると、かなり高い確率でこの額前後の年収になるでしょう。

また、月給20万円もらっている人でも、何か月か失業生活を送ると、たちまち103万円が現実味を帯びてきます。ですので、この際に「年間103万円以下なら無税」は、しっかりと頭にたたき込んでおきましょう。

ということは、年収110万円になると、103万円を超過した7万円分に対して5パーセントの所得税がかかってくることになりますが、現実には、そうはなりません。

というのも、ダンナの扶養になっている専業主婦と違って、シングルで働いている非正社員は、社会保険料を自己負担していますから、社会保険料控除もできるからです。

たとえば、国民年金を未納にしている人でも、国保の保険料を年間7万円払っているとしたら、その額も足すと年間110万円までなら、所得税はかかりません。

さらに、真面目に国民年金も払っている人は、その保険料が年間17万円程度、社会保険料控除にプラスされて、127万円程度までは、所得税が1円もかからないわけです。

4 《 貧乏も金持ちも同率の超悪税！

## 10パーセント＋4000円で出す住民税のシンプル計算

所得税と同じく、稼いだ額に対して直接課税されるのが住民税です。

では、住民税は、収入に対してどれくらいのパーセンテージでかかってくるのか、あなたは知っていますか？　国保と同じように自宅に納付書がきて住民税を払った経験もある非正社員の人なら、決して安くはなかったと記憶しているでしょう。

住民税は、所得割と均等割に分かれていて、まず所得割のほうは、その額にかかわらず一律10パーセントと、非常にシンプルな体系になっています。

そのうち、市区町村民税が6パーセント、残り4パーセントが都道府県民税です。

加えて、均等割（所得額にかかわらず一人当たり定額の税金）が市区町村民税3000円、都道府県民税1000円の合計4000円が課せられます。

つまり、課税所得100万円（給与収入ではない）の人は、単純計算で、市区町村民税6万円、都道府県民税4万円の計10万円に、均等割4000円を足した10万4000円の住民税がかかるわけです。

ちなみに、所得割の10パーセントという率は、日本全国どこでも同じですが、均等割額については、都道府県によって、多少の差（数百円程度）があります。

さて、ここまで読んで、ビンボーな人も億万長者も、一律に10パーセント課税なんてとんでもない悪税ではないかという議論はさておき、ただでさえ少ない給料から、住民税までもが容赦なく10パーセントも引かれるとなると、手取りが激減してしまうと思った人も多いはず。

安心してください。現実にはそうはなりません。住民税の場合も、所得税と同じく、直接収入額に対して10パーセントが課せられるわけではないからです。

第一段階として、給与収入から必要経費的存在の給与所得控除を引いた給与所得にかかってくるということ。そして、第二段階として、その人の生活の状況を考慮した税額にしてくれる各種の控除を引いた後の課税所得に対してかかってくるしくみです。

ここで注意したいのは、住民税の場合は、所得税とは各種の控除額が微妙に異なっていることです。

たとえば、所得税では、すべての人に認められる基礎控除が38万円でしたが、住民税の基礎控除は、なぜか所得税のときよりも5万円も少ない33万円。配偶者控除や扶養控除も同じく所得税のときよりも5万円少ない33万円です。

この点が何に関係してくるかは、次項で詳しく解説しましょう。

## 5 住民税6500円取られる年収103万円の人
### 所得税ゼロでも住民課税？

住民税を計算するときの各種の控除額は、所得税のときよりも5万円少ない額になっていると述べました。

したがって、税金がかからない無税のボーダーラインは、所得税が103万円だったのに対して、住民税では計算上は、それより5万円少ない98万円になります。

ただし、所得35万円＝給与収入100万円までは、原則として、住民税非課税となっていますので、「年収100万円までは住民税ゼロ」と覚えておくといいでしょう（いずれの額も扶養家族のいない人の場合）。

なお、全国どこの市町村でも年収100万円までは所得割はゼロになるものの、均等割については、年収100万円以下でも、年収93万円超（または年収98万円超）になると、課せられる市町村もありますので、この点は、一度地元の市役所に問い合わせてみてください。

では、以上のことを頭に入れると、所得税ゼロになる上限の年収103万円の人は、いくらくらい住民税がかかってくるでしょうか。給与収入100万円までは、所得割・均等割ともに非課税となる地域のケースで試算してみましょう。

まず、103万円から給与所得控除65万円を引いた所得金額は38万円。

ここから住民税の基礎控除33万円を引くと課税所得は5万円となり、この5万円×10パーセントである5000円が所得割となります。それに加えて均等割の4000円を足した合計9000円が概算の住民税となるわけです。

たいしたことないですね。

正確な住民税額は、ここから「調整控除」といって、所得税と住民税の控除額の差額に対してかかる2500円を引いた6500円となります。

「調整控除」とは、平成19年度に住民税を上げるかわりに所得税を下げて、「トータルではプラマイゼロ」としたい政府の意向を実現するため、住民税と所得税の控除額の差額によって増税になる分をあらかじめ計算して、その分を税額から差し引くための控除のことです。

この点はややこしいので、とりあえず、給与所得額を求め、それから各種の控除を引いた課税所得の1割プラス4000円が概算の住民税になると覚えておいてください。

## 6 ≪ 1円単位でキッチリ徴収！

# 知らないうちに納税している源泉徴収制度の摩訶不思議

現在の日本では、自営業者は別にして、会社勤めして会社から給料をもらっている人に限っては、ほぼ完璧といってもいいくらい、国が決めた通りの税金が徴収されています。

いったい、どうしてそんなことが可能なのでしょうか。

その秘密を握っているのが「源泉徴収」というシステムです。

すなわち、個人が自分で税金を計算して納めるのではなく、勤務先の会社が給料を払っている従業員に代わって個々の税金を計算。その分を給料から天引きして、本人に代わって国に納めているわけです。

でも、そもそもどうやって会社は、従業員の税金を計算しているのでしょうか？

前にみてきた通り、一律に経費と認められる給与所得控除は除いて、そのほかの控除まですべて把握して税金を計算するのは結構手間がかかります。

収入にしたって、月給は定額だったとしても、残業代で毎月の支給額は変動しますし、ボーナス支給額も一定ではないですから、年間の収入がいくらになるのかの見通しは簡単には立たないはず。

そこが所得税徴収のしくみを理解するための重要ポイントです。

実は、毎月の給料から会社が天引きしているのは、かなりアバウトな額なのです。

会社は、税務署から渡された「給料いくらの人は、いくら源泉しなさい」という一覧表にしたがって、該当する金額を自動的に天引きしているだけにすぎません。

このときに、扶養家族についても考慮されるようになっていて、同じ給料30万円でも、あらかじめ申告した扶養家族が0の人と3人の人とでは、天引きする額は違っていて、当然、「扶養家族3人の人のほうが天引きされる税金は少なくなっている」というわけです。

いわば「扶養家族何人で、これくらいの給与の人は、だいたい年間これくらいの税金になるだろうから、それから逆算して、月にこれくらい納めといて」と言っているのと同じようなものなのです。

「いくら何でも、そんなアバウトなことで正確な税金を納めることができるのかな」と疑問に思った人も少なくないでしょうが、それができるのが日本独特の源泉徴収制度の摩訶不思議なところ。

次項でそのカラクリを説き明かしていきます。

## 7 完璧徴収の秘密はココ！
# 会社が個人に代わって税金を計算する年末調整

会社は、税務署から渡された「給料がいくらで扶養家族何人の人はいくら源泉」するかを一覧表にしたもの（給与所得の源泉徴収税額表）にしたがって、従業員の所得税を毎月自動的に天引きしているわけですが、その額が結構アバウトでも、正確な税額になるのは、いったいどうしてでしょうか？

当然、どこかの段階で払い過ぎていたり、あるいは足りなかったりした額を調整しているはずで、年間収入は12月にならないと確定しないことを考えれば、その調整作業は年末に行わないと意味がありません。

そこまで言えば、賢明な読者はもうおわかりでしょう。

そう、「年末調整」のことです。

会社は、その年に払う最後の給料額がわかったところで、従業員ひとりひとりについて正確な年間の税金を計算し、過不足額を精算しているのです。

12月分または1月分の給料に、なぜか還付金がプラスされていて、ホクホクになった経験をお持ちの人も少なくないでしょう。

あれが「年末調整」です。

所得税を勤め人から完璧に徴収できるのは、この年末調整に秘密があるわけで、言ってみれば、給与所得者は、会社が本人に変わって確定申告をしてくれているようなもの。

従業員の給料から税金を天引きする源泉徴収制度は、世界中でいろんな国が実施していますが、年末調整のように最終的な確定申告行為まで会社が代行しているのは、世界でも日本だけではないかと言われています。

日本が世界に類を見ないくらい税金の徴収が上手なのは、ここに秘密があったのです。

さて、本題はここから。

正社員であれば、以上のような流れで、会社が税金について何から何までキチンとやってくれているので、すべて会社任せにしておいても、ソンするケースはあまりないでしょう。

ところが、非正社員の場合は、何も知らないでいると、とんでもない大ゾンをすることもめずらしくないのです。

正社員と非正社員の税金は、いったいどこがどう違うのでしょうか。

次項でじっくり解説します。

## 8 ≪ 完璧なのは正社員だけ？ 納めるだけで計算しない 非正規社員のアバウト天引き

非正社員の税金が正社員とは大きく異なるのは、まず第一に、勤務先の会社が年末調整をしてくれないケースがあることです。

単に毎月の給料から源泉して、その分を税務署に納めるだけなら、その事務処理をする人数が多少増えたとしても、会社にとっては、たいした負担増ではありません。ところが、非正社員についても、ひとりひとり個別に年末調整までするとなると、その事務処理コストはバカになりません。

年末調整は、確定申告と同じですので、各人に自己申告させた控除を個別に計算しないといけませんから、結構手間がかかるのです。

そこで、非正社員については、給料から源泉徴収はするけれども「あとはみなさん自分で勝手に確定申告してね」としている会社も少なくないのです。

とはいえ、世の中には、非正社員についても正社員とまったく同じように年末調整までしてくれる会社もたくさんあります。

ですので、「ウチの会社はやってくれていない」と決めつけず、自分が勤務している会社はどちらなのかを確認するのが先決です。

調べ方は、12月または1月の給料明細で、所得税の過不足分が精算されているかどうかをチェックしてみてください。還付金があったり、不足分が天引きされていたら、年末調整されている証拠です（非正社員は、還付金があるケースが圧倒的に多い）。

もし、それらがみつからなかったら、年末調整はされていないわけですから、翌年の2月中旬から3月中旬までに、自分で税金を計算して確定申告をしないといけません。

そういうと、ややこしくてめんどうに感じるかもしれませんが、確定申告は「しないといけない」というよりも、確定申告しないと、「余分に取られた税金が取られっぱなしになる」だけのことなのです。

年末調整をしないことを前提にした所得税の天引額は、驚くほどアバウトな額です。

正社員なら1円も天引きしない額の給料でも、しっかり天引きされていて、年間を通して正確な税額を計算すると、何万円も払い過ぎていることもめずらしくないのですから。

つまり、非正社員は、本来払うべき額以上の税金を取られているケースが正社員よりも圧倒的に多いのです！

では、勤務先の会社で年末調整さえしてくれていれば、とりあえず何もしないでも損はしないと思いますか？　非正社員の場合は、答えはノーです。

# 9 《 会社も本人も超いい加減！ 間違いだらけの年末調整 大損するのは非正規社員本人

勤務先の会社が年末調整してくれていれば、そこで一安心とはいかないのが非正社員の税金のややこしいところです。

と言うのも、たとえ会社が年末調整をしてくれたとしても、必ずしも各種の控除が正確に計算されているとは限らないからです。

「年末調整」という言葉から、ちょこちょこっと数字を調整しているだけのようなイメージがありますが、税金の計算としては、確定申告とまったく同じことをやりますから、本人に代わって会社が確定申告をしているようなものなのです。

ですから、「会社に任せとけば、いいようにしてくれる」と思ってはいけません。

たとえば、年末調整の前に、会社は従業員に対して、扶養家族の状況を報告する書類や各種の控除を証明する書類の提出（転職した人は前の会社発行の源泉徴収票なども）を求めるのが一般的ですが、非正社員の場合は、会社がそのへんの手続きをちゃんとしないケースもあります。

一方の従業員のほうも、会社からそれらの書類を求められても提出しなかったりすることが日常茶飯事。

そうなると、結果的には、納めるべき税金の計算も間違ってしまうわけです。

非正社員の場合、特に注意したいのが社会保険料！

正社員や非正社員でも社保アリの人は、本人が何も申し出なくても、会社は従業員がいくら社会保険料を払ったかを知っていますから、自動的にその額を所得から控除して、納める税金をキッチリ計算してくれます。

ところが、社保なしの非正社員になると、話はまるで違ってきます。

払った国民年金や国保の保険料は、自分しかわからないわけで、年末調整のときに、その額を正確に会社に出しておかないと（国民年金はその年に払った領収書も提出）、正確な税額は計算できないのです。

その年1年間に払った社会保険料の総額を所得から控除すれば、その分だけ税金も安くなりますので、結果的には、12月または1月の給料でいくらか還付金が戻ってきます。

ですから、たとえ勤務先が年末調整してくれたとしても、会社頼みにせず、自分で確定申告するときと同じような計算をして税金を払い過ぎていないかどうか確かめてみないといけません。

いずれにしろ、確定申告の計算をするのは、非正社員が損しないための第一歩なのです。

## 10 給与天引きなし? 非正規社員の住民税はどうなっているの?

もう一方の住民税の徴収は、どういうしくみになっているのでしょうか。

給与明細で、所得税はいくらか天引きされていることは覚えていても、住民税まで引かれていたかどうか記憶があやふやな人がほとんどでしょう。

原則から言いますと、従業員を雇っているすべての会社は、住民税も所得税と同じように、各人の給料から天引きして役所に納めなければならないことになっています。

手続きとしては、会社は、毎年1月31日までに、それぞれの従業員について支払った前年の給与の総額を記入した「給与支払報告書」という書類を、各従業員が居住している市町村に送ります。

それを受け取った市町村は、各人の住民税を計算して、「この人は、毎月これだけずつ天引きしてね」とした通知書を会社に送り、その通知書に書かれた額を会社は6月から翌年5月までの12か月にわたって、毎月従業員の給与から天引きして市町村に納めるという流れになっています。

所得税のときと根本的に異なるのは、所得税がリアルタイムで毎月もらう給料にそのまま課税されるのに対して、住民税は前年の収入を元に計算される点。つまり、所得税は先払いなのに対して、住民税は、後払いなのです。

ですから、前年に失業期間があって収入が少なかったりすると、いまは普通に稼いでいても、住民税は1円も引かれないケースもあります。逆に言えば、いまは失業して1円も収入がなくても、前年に普通に稼いでいれば、住民税がドカンとくることもめずらしくありません。そう、前にみてきた国保と同じしくみですね。まずはその点を頭に入れておいてください。

この住民税を会社が給料から天引きして、本人に代わって納めることを「特別徴収」と呼ぶのですが、現実には、この特別徴収、なぜか、すべての従業員に対して行われているわけではないのが第一のポイント。

年末調整と同じく、住民税を特別徴収するのは正社員だけで、非正社員については、「普通徴収」といって、各人の自宅に市役所から直接納付書が送られて、それで納める方式になるケースも多いのです。

といっても、住民税額はすでに確定していて、所得税のように取られ過ぎていることはありませんので、普通徴収になっても、給料から天引きされるのではなく、ただ自分で払えばいいだけのことなのですが。

## 11 税務署は知ってる！ 自分の収入データが市役所に回るしくみ

ときどき、「給料から住民税を天引きされていないので、そのまま申告しないでいれば、住民税を払わずに済む」と思っている人がいます。本当でしょうか？

非正社員については、住民税の特別徴収を行っていないだけで、本人の収入データ自体は勤務先から役所に送付されているかもしれません。

そうすると、5月に役所から自宅に住民税の納付書（6月〜翌年5月までの分）が届きますので、「住民税は払わずに済む」は、単なる思い込みにすぎないことになります。では、会社が、そもそも役所に何の書類も提出していなかったらどうなるでしょうか？

中小零細企業でも、税務署に対してはキッチリ申告をするものですが、役所に関してはかなりアバウトですから、その可能性もおおいにあるでしょう。

また、税務署に対しても、会社が従業員の収入を報告するのは、一定額以上の給与を払った人だけですので、給料が少ないと税務署に収入データが回っていない可能性もあります。

とすると、冒頭の考えは、まんざら間違いではないことになります。何の申告もないため、自宅に市役所から「住民税の申告」を促す文書が送られてきて、それもスルーしてしまうと、「所得なし」と扱われる可能性があります。

したがって、払い過ぎた所得税を取り戻すために確定申告なんかすると、その額を元に高い住民税は請求されるわ、国保の保険料も高くなるわのダブルパンチです。

もちろん、だからといって「申告しないほうがいい」とは、さすがに立場上書けませんが、確定申告するモチベーションが下がるのは確かでしょう。

果たして、このどちらなのかは、5月になれば自動的に判明します。住民税が課税されていれば、その納付書が自宅に送られてくるからです。

積極的に確定申告するかどうかは、それから判断しても遅くはないといえるでしょう。つまり、住民税の請求が普通にきたら、どうせ国保も高くなるでしょうから、積極的に確定申告すべきです。

ここで「確定申告は3月15日までなのに」と思うかもしれませんが、それは建前にすぎません。すでに税金を払い過ぎていて、確定申告すると還付金がもらえる人の場合は、3月15日をすぎて申告書を提出しても、まったくノープロブレムなのですから。

## ≪ 12 これが魔の三角地帯《トライアングル》！ 確定申告しないから国保と住民税で損をする

確定申告をしないばかりに、所得税はもちろん、住民税や国保の保険料まで本来納めるべき額よりも高くなっているケースがあります。

特に、国保では、本来払うべき額よりも多く保険料を払っている人が少なからずいます。「そんなバカな！」とみなさん思いますよね。ところが、ちょっとした知識がないばかりにみすみすソンしている非正社員が世の中には驚くほどたくさんいるのです。

いったいなぜ、国保の保険料と税金が関係してくるのでしょうか。

国保保険料の所得割部分は、単純に所得額を元に計算する方式を採用している市区町村と、住民税を元に計算する市区町村に大別されます（一人当たりの均等割と一世帯当たり平均割は定額なので、その人の収入とは関係ない）。

所得額を元に計算する方式なら、申告内容にかかわらず、国保の保険料に差は出ません。ところが、住民税を元に計算する方式の場合は、ちゃんと申告している人とそうでない人とでは、まったく同じ収入でも、結果的に国保の保険料が大きく違ってくるのです。

住民税は、所得に対してそのままかかるのではなく、いくつか所得から差し引くことが認められている「控除」後の金額にかかるのですが、その「控除」の分は、自分で申告をしないと正しく税額に反映されないケースもあることを思い出してください。

国保と国民年金の保険料は、どちらも「社会保険料控除」に該当しますから、その分を所得からしっかりと差し引くと、所得税はもちろん、住民税も安くなります。

すると、住民税を元に保険料を計算する国保の保険料も安くなりますよね。

なのに、それらをちゃんと控除していない人は、結果的に本来払うべき保険料よりも高い額を請求されてしまうのです。

所得税の確定申告をすると、自動的に住民税の申告も兼ねることになりますので、非正社員は、所得税の確定申告をしておくべきなのです。

なお、勤務先の会社が給与支払報告書を役所に提出しておらず、なおかつ自分からも所得の申告を一切しない場合、国保保険料は、均等割と平均割だけになっているケースもあります（所得ゼロとみなされる）。そういう人は、「バカ正直に申告するなんてとんでもない」と思うかもしれません。

しかし、**何の申告もしていない人は、極端に収入が少なくなったとき、国保保険料の減免や軽減などの特別な措置は一切受けられないデメリットがある**ことは知っておいてください（減免、軽減ともに所得申告をしていることが要件のため）。

# 13 知識ゼロでも30分で完了！ 世界でいちばん便利な「無料確定申告ソフト」

基本的なしくみがわかったところで、いよいよ確定申告の詳しいやり方について解説しておきましょう。

確定申告のガイドブックをみますと、まず、どういう人なら確定申告をすべきか、どういう人なら確定申告すると還付金が戻ってくるかについて、くどくどと解説していますが、本書は、その点は、あえてスキップします。

なぜならば、たとえ会社で年末調整をしてもらっている人でも、すべての非正社員の人は、確定申告の計算だけはしておくべきだと考えるからです。

ココでとりあえず税金の計算をしてみて、もし、還付金が戻ってこないようであれば、確定申告をしなければいいだけのことなのですから。

「申告なんて、計算がややこしくて、とても自分ではできない」と、いまだに思っている人は、コツを知らないだけ。税金についてまったく何の知識のない人でも、あるツールを使えば、ものの30分もあれば申告書がカンタンにできてしまうのですから。

そのツールとは、国税庁が開設しているインターネット上の「確定申告書等作成コーナー」のサイトです。

パソコンでここにアクセスして、数字を入力すれば、それだけで所得税の正確な計算ができて、なおかつ最終的に税務署にそのまま提出できる正式な申告書まで印刷してくれるスグレモノなのです。

お役所のサイトは世の中に星の数ほどありますが、このサイトくらい便利で、使い勝手のいいサイトはほかにないといっても、言い過ぎではないでしょう。

高いパソコンソフトはもちろんのこと、確定申告ガイドブックを買わなくても、確定申告ができてしまうんですから、使ったことがないとか、これまで知らなかった人は、みすみす大損しています。

確定申告しない人でも、税金について調べたかったら、このサイトで最新年度の申告書入力ページを開いておきましょう。給与収入がいくらだったら、所得はいくらになるのとか、控除のしくみはどうなっているのとか、社会保険料がいくら増えたら所得税はいくらになるのとか、そのつどデータを入力していくと、税金専門の電卓として使えます。

知識がなくても、各項目をクリックすると、自動的に開くページに必要事項を入力していくだけで正確な数字が出てくるんですから、もはや専門家いらずといってもいいくらいよくできているサイトなんですよ。

## 14 いざ確定申告！
# 最低限必要な書類を揃えて国税庁サイトにアクセス

では、具体的に何をどうすればいいのでしょうか。

まず、確定申告をするうえで、用意しておくモノからいきますと、勤務先の会社から発行してもらった源泉徴収票と国保や国民年金など社保関係の領収書です（厚年・健保の人は、給与明細があればＯＫ）。

源泉徴収票からいきますと、勤務先の会社がその年1年間にあなたに払った給料がいくらで、そのうちいくらを源泉して税金を納めたかが書かれている書類のこと。

確定申告して還付金をゲットするために必ず必要な書類で、いわば、ゼニのモト。

これは、黙っていてももらえませんので、2月くらいになったら、勤務先の会社に「確定申告するかもしれないので、源泉徴収票を出してください」と頼んでおきましょう。

転職した人は、いま勤務している会社から発行してもらった源泉だけでなく、転職前の会社の源泉も必要です。

退職するときには、必ずコレをもらっておかないといけません。もらい忘れた人は、勤務していた会社に連絡して送ってもらってください。

もう一方の社保関係の領収書は、社会保険料控除の額を計算するために必要で、前年に支払った分はすべて揃えましょう。

ちなみに、国民年金の領収書に限っては、申告書と一緒に提出します。

とりあえず、この二種類さえあれば、確定申告はできます。

準備ができたら、パソコンで先述の確定申告書等作成コーナーにアクセスしてください。

国税庁のホームページからアクセスすると、比較的カンタンにたどりつけます。

このとき、注意したいのは、いまから申告しようとする年のページを開くこと。

たとえば、平成21年に前年の分を申告しようとするときには、「平成20年分」のページにアクセスします。

所得税は、年度によっても特別減税額などの計算が異なりますので、該当する年度のページでないと、正確な計算ができないからです。

毎年、2月の確定申告シーズンが近付かないと、その前年分のページはアップされませんので、探してもみつからない場合は、しばらく待ってからアクセスしましょう。

ちなみに前年よりも前の2年間については、「平成ｘｘ年分」として別のページが用意されています。ですので、前記した必要書類さえ調達できれば、そちらの該当ページで過去の分の確定申告書を作成することもできます。

## 《 15 超簡単・確定申告マニュアル1

# うざいリンクは無視して「申告書A」にたどり着け！

確定申告コーナーの詳しい使い方は、巻末のアクセス情報源に「確定申告マニュアル」を作成しておきましたので、そちらを参照してもらうとして、ここでは、いくつか注意点を挙げておきます。

まず、該当する年の「確定申告書等作成コーナー」から、申告書選択の画面までたどりついたら、必ず「申告書A」を選択すること。

一瞬、「給与還付申告書」を選択したくなりますが、そちらは、「年末調整の内容に変更がない場合」のページですので、社会保険料控除を正確に計算するのが主な目的の非正社員の申告では、「申告書A」を選択するのが正解です。

国税庁のホームからアクセスすると、そこにたどりつくまでに、「e-Taxはこちら」など、やたらと電子申告のページに誘導する、うざいリンクが出てきますが、それらは無視して「e-Taxを利用しない」で進んでいってください。

「申告書A」をクリックすると、「申告書の作成をはじめる前に」という画面になります。そうしたら、提出方法選択（「印刷して税務署に提出」を選択）、申告書の送付の有無（「送付されていない」を選択）、生年月日入力（自分の生年月日を入力）を処理して、画面右下の「入力終了（次へ）≫」をクリックすれば「申告書Ａ（所得・所得控除等入力）」という画面にたどりつくことができます。

ここまできたら、あとはただデータを入れていくだけの作業になります。

シングルで非正社員の人の場合、とりあえず、必ず入力したいのは「給与」と「社会保険料控除」の２つの項目だけです。

青字の「給与」をクリックすると、給与所得の入力画面が出てきますので、そのページの「支払金額」（ピンクの欄）と「源泉徴収税額」（黄色の欄）に、勤務先の会社から発行してもらった源泉徴収票に記載された数字をそれぞれ入力していけばＯＫ。

このとき、「支払者」（源泉徴収票を発行した会社）の住所と名称も入力します（計算だけしたい人は、入力しなくてもＯＫ）。

なお、前の年に転職して、複数の源泉徴収票をもらっている人は、「支払者」の下にある「もう一件入力する」をクリックすると、再度別のページが開きますので、そちらのページでさっきと同じ要領で数字を入れていきましょう。

これだけで「給与」欄は終わりですので「入力終了」をクリックして、元の「申告書Ａ」の画面に戻ってください。

## 16 超簡単・確定申告マニュアル2
# 「入力終了」クリックすると一瞬にして税金計算完了!

給与データの入力が終わったら、「申告書A」に戻って、今度は、青字の「社会保険料控除」をクリックして、その数字を入力していきます。

非正社員の場合、必須入力項目は「社会保険の種類」と「支払保険料」の2つです。

「社会保険の種類」は、まず「▼マーク」をクリックすると、健康保険、国民健康保険、厚生年金といった項目が出てきますので、そのなかから自分が払っているものを選んでクリックするだけ。

国年・国保の人は、まずは「国民健康保険」をクリックして、用意した領収書を元に前年1年間に支払ったその保険料の合計額を「支払保険料」欄に入力すればOK。

そうして、同じ要領でその下の段に、「国民年金」をクリックして、そちらも前年の合計支払額を入力していきます。

終わったら、右下の「入力終了」をクリックして、「申告書A」画面に戻ります。

すると、画面はどうなると思います? あら不思議、これだけの作業で、課税される所得金額から、それに対する税額、すでに納められている源泉徴収額との差額、つまり還付金の額まで、一瞬にして出てきます。まったく税金の知識のない人でも、正確な税額の計算がこんなにカンタンにできるのは感動ものです。

このほかにも、結婚して扶養配偶者がいる人は、配偶者控除を、子供がいる人は、扶養控除を、生命保険を掛けている人は、生命保険料控除を、前年にケガや病気をして医療費がたくさんかかった人は医療費控除を、前年に泥棒に入られたり大金の入った財布を落とした人は雑損控除を、それぞれクリックして、これまでと同じ要領で数字を入力していってください。

ちなみに、生命保険料控除と医療費控除は、申告書を提出するときに証明書の添付が必要（いずれもその領収書）ですので、事前にこれらの書類を探しておきましょう。

とりあえず、どんなものなのか計算だけしてみた人も、この結果をみれば確定申告したらいいかどうかは一目瞭然でしょう。

特に還付金の額が大きくなるのが、年末調整しないことを前提に源泉徴収されている非正社員の人（かなり多めに徴収されている）や、前年に何か月か失業期間があった人。

後者の場合、毎月源泉徴収する額は12か月フルに勤務することを前提にした額になっていますので、途中無収入期間が何か月もできると、結果的にかなり納めすぎになってしまうのです。

どうせ還付金なんてスズメの涙ほどじゃあないかと思っていたら、実際には、10万円以上も戻ってくることになっていたりするかもしれません。

さて、すべての入力が終わったら、「住民税等入力」という画面が出てきますので、そこで「住民税に関する事項（申告書A）」をクリックして住民税の徴収方法を選択します。会社が給与から天引きして住民税を納めてくれている人は、「特別徴収」を選択し、自宅に送られてきた住民税の領収書で支払っている人は「普通徴収」を選択。どちらかわからない人は、とりあえず「普通徴収」を選択しておいてください。

あとは、そのつど指示に従って、住所、氏名、電話番号、管轄税務署、提出年月日、還付金の振り込み先など（いずれも、数字だけ記入された申告書を印刷してから手書きしてもいい）を入力して、印刷すれば一丁上がり！

「30分でできるなんていくら何でも大袈裟な」と思っていた人でも、本当に30分で申告書が作成できることに、きっと驚かれることでしょう（慣れれば15分でできる）。

完成した申告書は、ハンコを押して、所轄の税務署に郵送してもいいですし、直接持参してもOKです。直接持参する場合、確定申告シーズン真っ只中のときには、税務署によっては窓口で多少並びますが、提出するだけなら、ものの10分で終わるでしょう。

パソコンで作成した申告書は、内容が正しいかどうかチェックしてもらわなくてもいいので、その点でも手間いらずです。

# ≪17 締め切り過ぎても罰則なし？ 申告期限の翌日に行く！ 税務署ガラスキの快適申告

確定申告の申告書は、いつ提出するのがベストだと思いますか？
そんなの確定申告の期限内に決まってるじゃあないとほとんどの人は思うはず。ところが、必ずしもそうとは言えないのです。なぜならば、毎年2月半ばから3月半ばにかけて行われる確定申告シーズンというのは、仕事をしている人にとっては、年度末で一年のうちでもいちばん忙しいシーズンだったりすることも多いため、「この忙しい時期に確定申告なんてやってるヒマないよ」となりがちです。

申告期限を過ぎてしまうと、申告書を受けつけてもらえないのではと、われわれ素人は思いがちですが、実際にはまったくそんなことはなくて、確定申告の申告書は、一年中いつ提出したっていいんです。で、申告後に税金をいくらか追加で納めないといけない人についていては、申告期限を過ぎてしまうと、さすがに遅れた分のペナルティーを課せられてしまいますが、申告したら払い過ぎた税金が戻ってくる人については、期限を過ぎて申告したって、何の不都合も生じません。

ですから、何も仕事が猛烈に忙しい時期を選んで、寝る時間を削って申告書を作成して提出しなくても、自分の仕事が暇になってから、ゆっくりとやればいいのです。

ただし、先述した「確定申告書等作成コーナー」を活用できなかったり、活用できる環境はあるけど、わからないことを詳しく聞きながらやりたい人に限っては、できればサポートのあるシーズン前後にやりたいもの。そういう人は、いつがいいかというと、申告期限が過ぎた翌日。たとえば3月15日まで（それが休日の場合はその翌日）だとすると、その翌日の3月16日に地元の税務署に行くのがベスト。

なぜなら、その日はまだ期限に間に合わなかった人が来るため、確定申告専用のパソコンも、そのまま設置されていますし、サポート体制もそれなりに整っています。

それでいて、前日までの混雑がウソのようにすいていますから、専用パソコンも待ち時間ほぼゼロで利用できますし、係員の人にじっくりと不明点を聞くこともできます。

このとき、ついでに申告し忘れた前々年以前の分もまとめてやってもOK。

税金の申告は過去5年までさかのぼってできますので、極端なことを言えば、いつも税金を取られ過ぎている人は、何年かに一回まとめてやったって問題はありません（そうすると住民税や国保などで不都合があるかもしれませんが）。

というわけで、確定申告するなら3月16日がベストというのは、そういう理由があるからです。

# 18 << 国保よりコワイ？ 失業者を襲う住民税ショック 上手な乗り切り方を知っておく

住民税についてもいくつか注意点をフォローしておきましょう。

特別徴収＝毎月会社の給与から住民税を天引きされている人は、住民税についてはあまり気にしなくても自動的に納められていますので、特に困ることはありません。

ところが、普通徴収＝自宅に送られて来た納付書で払っている人の場合は、その分のお金を残しておかないと納期限までに払えなくなってしまうので注意が必要です。

そうならないために、非正社員は、毎年3月くらいに確定申告をした（または計算だけしてみた）ら、そのとき、ついでに住民税も計算しておくのが鉄則。

ただし、住民税額は、確定申告の計算をしても出てきませんので、別に自分で計算するしかないのですが、ネット上には、前年の所得額（源泉徴収票をもとに）を入力すれば住民税額を自動的に計算できるサイトもあります（巻末のアクセス情報源を参照）。

そちらを活用すると、確定申告のときと同じく、全く知識のない人でも、一発で年間の住民税額がわかります（あくまで概算。数千円程度の誤差は出る）。

ほんとに便利な時代になったもんですねえ。

そうして出た年額を12で割ると、その年の6月から翌年5月までに、毎月払わないといけない一月あたりの住民税額が割り出せるわけです（実際の納付は年4回が多い）。

自分で納める人は、その額の分は、光熱費や家賃などと同じように、毎月の家計から払わないといけない額としてしっかりと頭に入れておきましょう。

困るのが、失業したときです。

国保のときと同じく、いまはまったく収入がないにもかかわらず、前年普通に働いていたというだけで、突然、多額の請求が来ることになるからです。

「現在失業している人」を対象にした住民税の減免措置を設けている自治体もあることはあるものの、認定基準がかなり厳しかったりします。ですので、甘く考えていると、バカ高い延滞金がつくだけで、たちまち苦境に陥ってしまいます。そこで、失業期間が長引きそうなときには、納期限が来る前に市役所に相談に行くのが賢明です。

地元の市町村に減免措置の制度があれば、このときに所得の証明書などを添付して申請しましょう。減免措置の制度があっても、すでに納期限が過ぎた分については申請できないとしている市町村がほとんどですので、グズグズ悩む前に、相談に行くのが鉄則です。

減免措置の制度がなくても、分納か延納の措置を講じてくれるのが一般的ですので、切羽詰まらないうちに市役所で相談してみると、何とかなるでしょう。

どうしてもほかに方法がない場合には、確定申告して戻ってきた還付金をその支払いに一部にあてる方法もあります。そうすれば、当面のピンチは何とか乗り切れるはずです。

なお、勤務先の会社が特別徴収（給料から住民税を天引き）してくれていた人に限っては、退職時期の違いによって以下の2パターンに分かれることも覚えておいてください。

**・6月〜12月までに退職した場合→退職時に、翌年5月までに納めるべき住民税を一括して最後の給料などから天引きで納付するか、退職後に、これまで給料から天引きされていた額を毎月分割にして、自分で納めるかのどちらからを選択する**

**・1月〜5月に退職→その年の5月までに納めるべき住民税を一括して最後の給料などから天引きで納付する**

6月〜12月までに退職するときでも、退職時に一括して納めておけば、当面の心配のタネは消えますので、できれば一括で精算しておきたいものですね。

# 7章

# 孤立無援の質問編

こんなときどうする？
非正規社員の素朴な疑問に答えるＱ＆Ａ集

ひとつだけ夢をかなえてくれる（ただし24時間）としたら？
鶴梨くんみたいな
古垣結衣みたいな
恋人が欲しい
24歳 派遣 女性
27歳 派遣 男性
部長になって主任をしかりたい（28歳 アルバイト男性）
こんなことじゃ困るよキミ
すみません、
部長
100万円もらって買い物する（30歳 契約 男性）
まずは車！
それだけで100万オーバーするよ！
25歳 パート 女性
空を飛びたいです♡
きゃっ言っちゃった

願いは叶う
願い事は口に出して10回唱えると叶うわよ
と言うのはリフォーム会社(株)ブルームワーク会長
カッツバート久美子さん
一日かけて一軒3千円だったが手を抜かずピカピカに磨き上げた
20数年前空アパートの清掃バイトをスタート
お金持ちになりたい!(×10回)
丁寧な仕事が評判になり依頼が殺到
うちも
ぜひ
うちでも
リフォーム業にも進出
気がつけば年商3億の会社社長に
どーん
その後会社経営は管理職に任せて渡米
現在アリゾナで1300平米の豪邸暮らしである
（日向咲嗣著「1カ月100万円稼げる59の仕事」より）

## Q1 1年契約の途中なのに、勤務先の会社から「景気が悪くなったので、今月いっぱいで辞めてほしい」と言われました。辞めないといけないんですか？

**A** 辞める必要は、ありません。キッパリと「辞めません」と意思表示しましょう。

非正社員は、簡単にクビを切られても仕方ないと最初から諦めている人も多いのですが、非正社員であっても、正社員とまったく同じように労働法で守られています。

たとえば、平成20年3月施行の労働契約法17条では、「使用者は、期間の定めのある労働契約について、やむを得ない事由がある場合でなければ、その契約期間が満了するまでの間において、労働者を解雇できない」と明確に定められています。

「やむを得ない事由」とは、正社員と同じ。すなわち、会社が人員整理をする場合、業績悪化などの理由があることはもちろん、解雇を回避する努力をしていて、なおかつ合理的な人選基準を設けたうえで解雇する人を公平に選んでいること――などの要件をすべて満たしていないと、法的に解雇は認められません。

でも、立場の弱い非正社員は、ガタガタ言ったところで結果は同じ。騒ぐだけ時間と労力のムダと諦める人が多いのですが、そんな考えが余計に自分を不利にしています。

会社サイドは、解雇したスタッフがあちこち関係機関に駆け込んで騒ぎ立てたりして、面倒な事態になることを非常に恐れているものです。

なのに「辞めてほしい」と言われただけで、退職してしまうと会社の思うツボ。たとえ最終的には辞めることになったとしても、残っている契約期間の賃金の一部（本来は全部請求可）でももらうなど、有利な条件を引き出してから辞めないと大損です。

最悪の場合でも、給料1か月分の解雇予告手当をもらう権利は行使すべきでしょう。

ですので、まずは「辞めません」と断るのが先決。そのうえで退職は避けられないと思うのならば「労基署（労働基準監督署）に駆け込んだり、ユニオン（労働組合）に相談したりしないで、スンナリ辞めたら、何かいいことありますか？」と会社サイドに条件提示を求めてもいいかもしれません。

その結果、会社サイドが提示してきた退職手当等の条件が自分なりに納得できるものであれば、退職を検討してみるというスタンスです。

## Q2 半年契約を5回更新していて、もうすぐ6回めの更新ですが、会社から「次回は更新しない」と言われてしまいました。辞めるしかないんでしょうか？

**A** そんなことはありません。会社に契約の更新を求めることもできます。

契約期間を定めて働いている非正社員は、契約を更新しないこと（これを「雇止め」と呼ぶ）によって、簡単に辞めさせられるというのが世間一般の常識でしょう。有期雇用の契約を結んでいる以上は、仕方ないことと考えがちです。

しかし、働く側にとって、雇止めは、実質的には解雇と同じと言ってもいいのに、解雇のときのような制限がまったくないのは、あまりに理不尽です。

そこで、期間の定めのある雇用であっても、すでに契約が何度も繰り返し更新されていて、次回も更新されるだろうと期待するのが当然のような状況下で、続けて働きたいと思っている労働者を使用者が雇止めにするのは、解雇権の乱用とみなされます。

その場合、Ｑ1で述べたように、正社員とまったく同じく「やむを得ない事由」がない限り、解雇は認められません。

対応策としては、まず、勤務先の会社に対して、「契約を更新しない理由についての証明書」を請求してみてください。厚生労働省の告示（有期労働契約の締結及び更新・雇止めに関する基準／平成15年）によって、この証明書は「遅滞なく交付しなければならない」とされていますから、会社はその請求を拒否できません。

そして、その証明書に記載してある理由が納得のいくものではなかった場合には、都道府県の労働相談窓口やひとりでも加盟できるユニオンなど（巻末アクセス情報源参照）に相談してみましょう。具体的な交渉法などをアドバイスしてくれるはずです。なお、前記の厚労省告示では、契約を3回以上更新しているか、または、1年を超えて勤務している場合には、「少なくとも30日前までに予告しなければならない」とされていますから、それが守られなかったときには、当然のことながら、解雇予告手当を1か月分もらう権利が発生すると考えていいでしょう。

## Q3 派遣で働いているのですが、突然、派遣先に「来週から来なくていい」と言われました。これで辞めたら、雇用保険は会社都合になりますか？

**A** なりません。なぜならば、あなたを雇用しているのは、派遣元の派遣会社ですから、雇用主の派遣会社があなたを解雇しない限り、会社都合の退職にはあたらないからです。

そもそも、あなたは、派遣会社に所属するスタッフとして、クライアント企業に派遣されている立場です。したがって、そのクライアント企業が契約を途中で解除しても、その時点ではまだ、退職にはあたらないのです。

このしくみを理解せずに、安易に自分から退職すると大損します。

クライアント企業と派遣会社には、それぞれの責任を果たしてもらいましょう。

第一に、派遣先のクライアント企業は、自社の一方的な都合で、契約満了前に派遣契約を解除するとき、自社の関連会社などほかの就労場所を確保する責任を負っています。それができない場合には、最低でも30日分の給与に当たる額の損害賠償責任を負っています。次に、派遣会社のほうですが、クライアント企業から派遣契約を解除されても、まだあなたと派遣会社との契約は生きていますから、次の派遣先を確保する義務を負っています（同等以上の条件でなければ断ってもいい）。それができないときには、残りの契約期間中は、休業補償を支払う義務を負っています。

にもかかわらず、自ら退職すると、これらの権利をすべて放棄することになるのです。

もちろん、現実には、理屈通りにいかないケースも多いのですが、最初から、雇用保険だけもらえばいいというスタンスでは、最悪の結果しか得られないでしょう。

以上のことを念頭において、派遣会社と話しあってみてください。派遣会社がキチンとした対応をしてくれないようであれば、派遣業の監督官庁であるハローワークまたは都道府県労働局の需給調整事業室などに相談して派遣会社を指導してもらいましょう。

なお、派遣先から渡された就労条件明示書をみてください。そこに中途解約された場合の休業手当支払いについて書かれていれば、当然の権利として、それを請求すべきです。

## Q4 友人が「バイトでも半年勤務したら、有給もらえるよ」と教えてくれたので、勤務先の会社に聞いてみたら「有給は、フルタイム勤務の人だけが対象」と言われてしまいました。本当でしょうか？

**A** それは、真っ赤なウソです。パートタイム勤務の人でも、年次有給休暇は与えないといけません。

基本から説明しておきますと、週の所定労働日数が5日以上（または週の所定労働時間が30時間以上）であれば、正社員とまったく同じく、入社から6か月たつと、年間10日の有給がもらえます（ただし労働日の8割以上勤務が条件）。

この6か月経過時点から起算して1年経過するたびに、有給は1日ずつ（2年6か月以降は2日ずつ）増えていき、6年6か月で最長20日間の有給がもらえるようになっています。その年に消化できなかった分は翌年に持ち越せます（ただし、2年が時効なので、2年経過したら、その日数分の請求権は消滅する）。それよりも勤務日数が少ない人の場合は、フルタイムの労働者の所定労働日数に比例させる形で、有給を与えるようになっています（「比例付与」と呼ぶ）。具体的には、所定労働日数が、週4日の人は年間7日、週3日の人は年間5日、週2日の人は年間3日、週1日の人は年間1日が、それぞれ6か月勤務すると有給休暇として取れるしくみになっているわけです。

## Q5 2か月契約とか、3か月契約の短期派遣で働いているので、いつまでたっても、有給をもらえる「半年以上勤務」をクリアできません。短期派遣は、有給をもらうのは永遠に不可能なのでしょうか?

**A** そんなことはありません。たとえ1か所での仕事が3か月契約であっても、その後に、同じ派遣会社からの仕事をもう3か月継続すれば、トータル6か月をクリアして、有給をもらえるようになります。

ただし、ひとつの契約の後に空白期間ができる場合、それが「おおむね1か月以内」であれば、「継続就労」とみなされて、次の仕事の契約期間を通算できます(以上は、2か月程度以上の契約の場合。1か月以内の契約の場合は、数日(3~4日。土日を挟んだ場合は5~6日)までの空白期間なら継続就労と認められる)。

逆に言えば、空白期間がそれを越えている場合には、継続就労とは認められず、またゼロから勤続月数をカウントすることになります。

## Q6 派遣会社を辞めるにあたって、1日も消化できなかった有給を買い取ってほしいと派遣会社に言ったら「それは違法だからできない」と言われました。本当でしょうか？

**A** ウソです。退職時に残った有給を買い上げることは、違法ではありません。

有給は、労働者の疲労回復やリフレッシュのために定められた制度ですので、会社がそれを与えないでお金に換算することは、制度の主旨に反するので禁止されているだけです。２年で請求権が時効になってしまった分の有給を買い上げたり、退職にあたって、消化しきれない有給が残っているときに、それらを買い上げること自体は違法ではありません。

といっても、会社は、残った有給を買い上げなければならない義務があるわけではないので、実際に買い上げてくれるかどうかは交渉次第でしょう。

買い上げできないと断られたときは、退職日前に残った有給をまとめて申請して、残っている有給の分だけ実質的な退職日を前倒ししましょう（たとえば、３月末退社で有給が10日余り残っていたら、出社は３月中旬までとして、残りをすべて有給にする）。

ときどき「有給をまとめて取得することは就業規則で認めていない」と会社が拒否するケースもありますが、それこそ違法です。

退職後に有給を与えることはできないため、この場合、会社には、労働者の申し出を拒否する権利はありません。もしそう言われたら労基署に相談してみてください。

当然の権利である有給が与えられないことイコール賃金未払いと同じ意味合いですから、断固とした態度でその分は請求すべきでしょう。

## Q7 9時―5時で事務系の派遣をしています。ときどき残業を頼まれて仕方なく引き受けていますが、残業しても時給に割増が1円もつきません。残業は、通常の時給よりも割増賃金が支払われるはずなのに、これは、違法ではないですか？

**A** 夕方6時までの1時間までの残業なら割増なしの賃金でも合法ですが、それを超えても割増賃金が支払われなかったら違法です。

そもそも残業した場合の割増賃金は、1日8時間の法定労働時間を超えた分に支払われることになっています。

途中昼休みが1時間とすると「9時―5時」は7時間労働ですから、夕方6時まで1時間残業しても、その1時間分は通常の時給で計算し、割増賃金なしとするのは違法ではありません（「法内残業」と呼ぶ）。

しかし、このケースでも、夕方6時以降に残業すると、「1日8時間」を超えますから、その分については割増賃金を支払わなければなりません。ちなみに、その割増率は「25パーセント以上」と法律で決まっています。

## Q8 うちはシフト制で、遅番になると15時から23時まで勤務ですが、その場合でも、夜間勤務の割増賃金が一切ありません。違法ではないですか？

**A** 違法です。21時までは割増なしでも合法ですが、22時以降の1時間分は、深夜残業として25パーセント以上の割増賃金を支払わないといけません。

時間外労働には、1日8時間を超えた時間外の割増のほかに、深夜の割増を支払わないといけない規定になっていて、その深夜とは「午後10時から午前5時まで」を指します。

したがって、ふだん時給1000円だとしたら、午後10時以降の労働については、時給1250円以上支払われていないと違法ということになります。

ちなみに、9時—5時で働いている人が、午後10時以降に働いた場合、その部分については、8時間を超えた法定時間外割増25パーセントと深夜残業割増25パーセントの合計50パーセント割増賃金が発生します。

## Q9 求人広告で「月給25万円以上」となっていたのに、実際は手取り15万円しかもらえません。これって、明らかに違法ですよね？

**A** 必ずしも違法とは言えません。というのも、求人広告はあくまで契約申し込みの勧誘にすぎず、それがそのまま労働契約の内容になるとは認められないからです。

求人広告という会社の「契約申し込みの勧誘」に労働者が応募し、その後、改めてお互いの合意のうえで締結された労働契約に反していて、はじめて契約違反が成立するのです。もちろん、会社に対して求人広告の条件を守るよう請求はできますし、おおいにそうすべきですが、契約違反として訴えても必ず勝てるとは言い切れないのです。

ただし、ハローワークの求人票に限っては、その内容と異なった契約を別に締結しない限り、求人票の記載がそのまま労働契約となると考えられています。

そこで、求人広告をみて応募するときには、その会社がハローワークにも求人を出していないか調べてみて（両方で同時募集するケースは意外に多い）、もしハローワークにも同じ求人が出ていたら、ハローワーク経由で応募すると多少は有利になるでしょう。

トラブルがあった場合には、ハローワークに指導してもらうこともできます。また、契約の履行を求めて法的措置を取ったときにも、勝てる可能性は高くなります。

≪社会保険編

## Q10 5年以上バイト生活しています。国保に加入したことがなく、健康保険証がなくて困っています。これから加入すると、過去の保険料も払わないといけないでしょうか？

**A** さかのぼって、納めないといけません。国保は、加入手続きをした時点からではなく、国保へ加入義務が生じた時点（親の健保の扶養から抜けたり、健保に加入していた会社を退職したとき）から、保険料を払うしくみになっているからです。

原則として、「国民健康保険税」として徴収している市町村なら最長5年、「国民健康保険料」として徴収している市町村なら最長2年まで、加入手続き時に、それぞれさかのぼって請求されます（実際には「～税」でも、2年間または3年間さかのぼるとしている市町村も多いので地元市役所に要確認）。

ちなみに、大都市はほとんど「～料」なのに対して、それ以外の地域は「～税」が圧倒的に多くなっています（全国17政令指定都市のなかで「～税」なのは、さいたま市だけ）。

何年もさかのぼって保険料を納めるとなると、かなり多額の保険料を請求されるかもしれませんが、とにかく、一度市役所に行って相談してみてください。現状で払える分だけ払う約束をすれば、その場で保険証は発行してくれます。

なお、アルバイトでも社保に加入できる会社に転職すれば、たとえ過去に国保を滞納していたとしても、健保の保険証は交付されますし、ほかの市町村に転出した場合も、転出先で手続きすることで、国保の保険証を発行してくれます。

もちろん、いずれも過去の滞納分が消えるわけではありませんが。

## Q11 国保の保険料を何か月も滞納しています。このまま放置すると、病気やケガで医者にかかったとき保険証が使えなくなりますか？

**A** 使えなくなります。

まず、滞納が一定期間続くと、有効期限の短い「短期被保険者証」が発行されます。それでも滞納が続くと、保険証の返納を求められ、「資格証明書」が発行されます。

資格証明書が発行された場合、医療機関を受診しても治療費は一度窓口で全額自己負担しなければならなくなり、後で申請すると、自己負担した7割が戻ってくるしくみです。ただし、滞納があまりに長期にわたる場合には、申請して戻ってくる分が滞納保険料の支払いにあてられてしまいます。

資格証明書なんてまったく意味がないと思うかもしれませんが、コレがあれば、医療機関で保険診療を前提とした料金になるため、同じ10割負担でも、完全な自由診療よりは治療費は安くなると言われています（無保険診療の場合、料金設定は完全に自由のため）。

そうして最悪の場合は、財産や給与の差し押さえまでされることになっています。

市町村によっても差はありますが、納期限からだいたい1年くらい経過すると、資格証明書発行となるケースが多いようです。

滞納を続けると、バカ高い延滞金まで取られますので、できるだけ早めに市役所に出掛けて行って事情を説明しましょう。

滞納分は一括で払わなくても、一定期間猶予してもらったり、月々数千円ずつ分割で支払う約束をするだけで、再度、使える保険証を発行してもらえるケースが多いようです。

## Q12 国民年金も払わないと、財産を差し押さえられると聞きましたが本当ですか？

**A** 明らかに払える経済状態なのに払わない人には、財産の差し押さえ等の厳しい措置を取るようになったようですが、所得が多くない一般の未納者に対しては、まだそこまでの措置を取るには至っていないようです。

厚労省の発表によれば、平成19年度における強制徴収の状況は、最終催告状発行件数4・1万件、督促状発行件数は2・8万件、差押件数1・1万件となっています。

未納者全体の317万人（未加入者含む）からみれば、差し押さえまでいったケースは、0・3パーセント程度ですから、それは決して多い数字とは言えないでしょう。

ちなみに、「最終催告状」が送付されてきても、すぐに差し押さえとなるわけではなく、むしろ「督促状」のほうが「近々差し押さえまでするよ」という警告の意味が込められているので、単純に言葉のニュアンスに騙されないでください。

差し押さえを心配するくらいなら、保険料免除制度をうまく活用して、堂々と保険料を支払わずに済む（または減額する）方法を研究したほうがはるかに有意義でしょう。

## Q13 いま42歳で、国民年金を15年以上未納にしてきました。いまから払い始めても60歳までに25年をクリアできませんので、もう払わないほうがいいんでしょうか？

**A** そんなことはありません。いまからでも保険料は納めるべきです。

3章で解説したように、60歳までに受給資格期間の25年をクリアできない人と、40年の満期を達成できない人は、65歳まで納めることができるようになっています。

さらに、65歳になってもまだ受給資格を満たせない人に限り「特例任意加入」と言って、70歳の前月まで国民年金に加入して保険料を払うこともできます。

このほかにも、厚生年金の特例を活用すると、70歳以降になっても保険料を払い続けることもできますので、実質的には「何歳まで」というリミットはないに等しいのです。

ですので、もし、保険料を納めることができなければ、いまからでも、免除申請をしておくことは、決して無意味ではありません。

## Q14 自分の不注意で仕事中にケガをしてしまいました。会社に報告すると、契約を打ち切られるかもしれないので、黙っていたほうがいいと思うのですが……。

**A** 黙っていると、余計自分に不利になるだけです。会社に業務中にケガをしたことを報告して、労災を申請してもらいましょう。

そうしないと、治療費の自己負担がかかるばかりでなく、ケガで仕事を休んでも1円も補償されません。また、自分の勝手な都合で休んでばかりいる奴と思われて、逆に、契約を打ち切られるリスクも出てきます。

労災と認定されれば、治療費はもちろん、通院にかかる交通費、通院や治療のために休んだ期間の休業補償（特別給付金と合わせて賃金の8割）まで支給されます。

会社サイドとしては、労災を申請すると保険料が高くなったり、労基署から指導を受けるかもしれないので、できれば労災申請はしたくないのが本音です。なので、ケガを報告しても、スムースに労災申請をしてくれないかもしれませんが、ちゃんと会社に報告さえしておけば、ケガをした本人が労災を申請することもできます。

なお、労災は、たとえ会社が加入手続きをしていなくても、保険適用を受けることができます。

## Q15 後から雇用保険の加入手続きをしてもらう場合、入社時までさかのぼれますか？

**A** 入社時までさかのぼって加入できます。ただし、さかのぼれるのは最長で2年までです。したがって、たとえば、その時点で5年勤務していた場合でも、後から加入手続きをすると、被保険者期間は2年となり、本来被保険者期間に算入されるべき3年分の加入歴が露と消えてしまいます。

雇用保険上、会社都合退職では、被保険者期間（複数の会社での期間を合算できる）が5年を超えると、すべての年齢で所定給付日数が割増となりますが、この場合、5年勤務していても、その分の割増は受けられなくなってしまいます。

将来、そういった不利益を被らないためにも、未加入状態は、入社から2年以内に会社と交渉して解消しておきたいところです。

## Q16 求人広告に「月収20万円以上」と書かれていたのに、実際に働いてみると、月に10万円程度しか稼げません。これで辞めたら、会社都合になりますか？

**A** おそらく、会社都合になるでしょう。

会社都合退職と認められる要件に「労働契約の締結の際に、明示された労働条件が事実と著しく相違したことにより離職した者」とあります。

求人広告は、その内容が労働契約になるわけではありませんが、それ以外に契約を締結して給与に関する取り決めをしていない場合には、それが採用時に示された労働条件の有力な証拠となります。

したがって、たとえ自分から辞めたとしても、ハロワで雇用保険の受給手続きをするときに、係官に事情を説明し、なおかつその証拠として求人広告を提出すれば、会社都合と判定される可能性はかなり高いと言えます。

ただし、「就職後1年を経過するまでに退職した」場合でないと、会社都合とは認められません。1年以上勤務したのは、その条件を承諾したものとみなされるからです。

平成19年10月1日からは、雇用保険の受給資格を得るための期間が、それまでの半年以上勤務から1年以上勤務（自己都合の場合のみ）に改正されましたので、「1年は勤めないと」と我慢する人も多いのですが、皮肉なことに、そんな我慢強い人ほど損をします。かといって、半年で退職すると、証拠不足などで万が一にでも、自己都合と判定されたら、失業手当を1円ももらえなくなるリスクを抱えることになってしまいます。

退職前に自分のケースが本当に会社都合と判定されるかどうかをハロワで相談しておくのが賢明と言えるでしょう。

## ≪ トラブル解決編

## Q17 有給もくれないひどい事業所に勤務していたので、労基署に訴えに行きましたが、まともに取り合ってくれませんでした。泣き寝入りするしかないのでしょうか？

**A** 泣き寝入りすることはありません。労基署に限らず、役所でひどい対応をされたら、どんどんクレームをつけましょう。

非正社員が遭遇しやすい、解雇予告手当や賃金の不払い、有給休暇に関するトラブルなど、労基法にかかわることは、地元の労働基準監督署へ訴えれば、勤務先の会社を指導してくれるはず、なのですが、このケースのようなキチンとした対応をしてくれないこともあります。おそらく、係官が余りに忙しすぎるため対応が杜撰になっているのでしょう。

納得のいかない対応をされた場合には、改めてその労基署の苦情を受け付ける部署に電話して、「こんなひどい対応をされたのだが、これは普通のことなのか」と厳しく問いただしてください。

すると、担当者から何らかの釈明が得られるはずなので、そのときに「再度出向きたいが、責任を持って対応してくれる人はいますか」と聞くのがコツ。具体的な名前か役職名を挙げてもらい、次回はその人を訪ねていけば、ちゃんとした対応が期待できるでしょう。

## Q18

**勤めている会社から不当な扱いを受けました。といって、辞めるつもりはありません。何かうまくトラブルを解決するコツはないでしょうか?**


**A** まず、自分が受けた扱いが法的にどうなのかをトコトン調べてみてください。

最近は、ネットで検索すると、専門知識を持った人が回答を寄せているページもたくさんみつかります。ただし、必ずしも自分と同じケースに即応した内容とは限りません。

いちばん確実なのは、やはりその事案を扱う監督官庁に電話をして問い合わせることです。労働条件にかかわることなら労働基準監督署、社会保険については社会保険事務所、雇用保険についてはハロワ、人材派遣業にかかわることなら、その許認可権を持ったハロワまたは都道府県労働局の需給調整（事業）室などです。

いずれの役所でも電話で詳しい事情を話せば、法律面も含めて、会社の処遇が適正なものかどうかをその場で明快に判断してくれます。

その知識をもって、会社との交渉に臨んでください。その席で「このようなことは、明らかに不当な処遇だと～から言われましたが」と一言述べるだけでも、会社側の対応はガラリと変わるはずです。自社内のトラブルをあちこちで相談されているとなると、下手な対応をしていると、自社の評判に傷ついて困ると考えるからです。

## Q19 会社から解雇を言い渡されました。何とかそれを撤回させたいのですが、どこに相談したらいいでしょうか？

**A** 都道府県にある総合労働相談コーナーで相談してみてください。そちらで相談を受けつけていて、知りたいことについて情報提供もしてくれます。

都道府県の総合労働相談コーナーは、ただ相談に乗ってくれるだけではありません。法律に基づいた個別紛争解決の機能をもっているのが大きな特徴で、相談した後に、労働者と会社との間に入って、トラブル解決の手助けをしてくれるのです。

具体的には、相談した後に、労働局長の助言・指導を申請することができ、明らかに使用者側が労働法を逸脱した行為をしている場合などは、その点を指摘してくれます。

非正社員だと思っていい加減に対応していた使用者も、労働局に対しては、さすがに無茶な論理を通すわけにはいかなくなるわけです。

それでも解決の糸口がつかめないときには、公平・中立の立場の学識経験者によって構成される紛争調整委員会のあっせんを申請することができます。

このプロセスでは、あっせん委員が労働者と使用者双方から事情聴取し、その内容を元に、当事者間の調整や話し合いの促進がなされ、当事者双方の求めにより、具体的なあっせん案の提示まで行います。

もちろん、そのあっせん案に納得がいかなければ、合意する必要はありません。また、労働者がこれらのあっせんを申請したことを理由に、使用者が不利益な扱いをすることが禁じられていますので、安心してサポートを受けることができるでしょう。

## Q20 ユニオンって、どんなところですか？ 非正規社員でも助けてくれますか？

**A** 個人でも加盟できる労働組合（労組）のことです。もちろん、非正社員に対しても、親切に労働トラブルの相談に乗ってくれます。

一般的な日本の労組は、企業内組合といって、ひとつの企業に勤務する従業員だけを組織したものが多く、その体制では企業の利益に反した運動はしにくいのが実情でした。

また、大半の労組では、つい最近まで正社員のみを組合員としていたため、どんどん増え続ける非正社員の権利を守ることにはまったくといっていいほど無関心でした。

非正社員は、理不尽な対応をされても、孤立無援で戦うしかなかったのです。

そこで最近活躍の場を広げているのが「ユニオン」と呼ばれる労組です。

ユニオンは、どこの企業に勤務しているか、正社員か非正社員かなども関係なく、労働者であれば、だれでも個人で加入できるオープンな労組です。

一企業の利益を優先しないため、個人加盟した組合員のためでも、多少過激な行動も取れるのが大きな特徴で、最近ニュースでよく話題になっている〝派遣切り〟を行った企業に対して派手なパフォーマンスを展開しているのもユニオンです。ここへきて、製造業の派遣社員たちで結成されたユニオンが全国各地で続々と誕生しています。

都道府県の総合労働相談コーナーなど公的機関に相談しても、まったくラチがあかないようなら、ユニオンに相談してみるといいでしょう。

場合によっては、そのユニオンの組合員となって（加入金と毎月の組合費がかかる）、会社に対する団体交渉を申し入れると、会社も交渉に応じざるをえなくなるでしょう。

ユニオンの探し方は、「個人加盟　ユニオン」をキーワードに、ネットで検索するか、本書の巻末のアクセス情報源を元に、たどっていってください。

## Q21 不当な扱いを行った会社に対して裁判を起こすことは可能ですか？

**A** 可能です。２００６年から労働審判という新しい制度がスタートしており、これを労働紛争を解決する選択肢のひとつとして検討してみるといいでしょう。

これまで紹介してきた都道府県の相談窓口やユニオンは、かなり心強いサポートが受けられるとは言え、それだけでは最終的に法的な拘束力を持つまでの結論は得られません。

一方で、裁判に訴えるという方法は、法的拘束力が得られる反面、結論が出るまでにあまりにも長い時間がかかるため、労働紛争のように、解雇されて明日からの生活を何とかしないといけないような事案の解決には不向きとされてきました。

そこで、２００６年に新設されたのが労働審判という制度です。

労働審判の特徴は、その迅速性。原則３回の審理で結論が出ます。また、裁判官のほかに、労働問題に詳しい労働審判委員２名が審判員となって実状に即した審判がなされます。都道府県労働局のあっせんの場合、会社側が呼び出しに応じないと手続きが前に進まないケースもありますが、労働審判なら、会社側が不出頭でも手続きは進められます。

審判に不服があるときには、どちらかが二週間以内に意義を申し立てれば、審判はその効力を失います（通常の訴訟手続きに移行可）が、意外に解決率は高いのです。

平成19年の処理状況をみてみますと、約七割で調停が成立されており、異義申し立てがされなかった審判と合わせた解決率は77・1パーセントにものぼります。また、期間についても、８割近い事案が約70日の審理日数で解決しています。

自分でも申し立て手続きはできますが、各地の弁護士会で労働審判に関する相談窓口を設けていますので、そちらに相談してみてください（相談料がかかる場合もある）。

〒151－0051 東京都渋谷区千駄ヶ谷 5－15－13 千駄ヶ谷エレガンス 202
TEL 03－5363－1091　http://homepage3.nifty.com/nu-tokyo/
ここのホームから「労働・人権リンク」をクリックすると、全国のユニオンにアクセスできる。

「レイバーネット日本」

労働組合のニュース、イベントの情報にまとめてアクセスできるサイト。
http://www.labornetjp.org/

### 《派遣労働について》

「派遣労働ネットワーク」

派遣労働や派遣にまつわる雇用に関する問題について取り組んでいる NPO 法人。労働相談も実施している。
〒160－0023　東京都新宿区西新宿 7-22-18　オフィス K ビル 1 階
東京ユニオン内
TEL 03－5338－1266　http://haken-net.or.jp/

「派遣労働者の悩み 110 番」

民主法律協会派遣労働研究会のページ。派遣だけでなく、非正規社員が遭遇する契約や法律に関する問題に答えてくれる。
http://www.asahi-net.or.jp/~RB1S-WKT/indexhkn.htm

### 《都道府県の総合労働相談コーナーについて》

・厚生労働省のホームページ（http://www.mhlw.go.jp/index.html）
→「大臣等・組織・制度概要」→「主な制度紹介」→「総合労働相談コーナーのご案内」をクリックすると、各都道府県の総合労働相談コーナーの連絡先がわかる。
ネットでアクセスできない人は、厚労省に直接電話（03－5253－1111）して問い合わせ。

### 《労働審判制度について》

・都道府県の弁護士会が労働審判専門相談窓口を設置してに相談に応じている（または定期的に開催している法律相談で労働相談集中相談日を設定）。
各地の弁護士会の連絡先は、
日本弁護士連合会のホームページ（http://www.nichibenren.or.jp/）から「全国の弁護士会・関連団体リンク」をクリックするか、直接問い合わせる（03－3580－9841）とわかる。

《住民税の計算方法》

・インターネットの検索サイトで「住民税　自動計算」をキーワードに入れて住民税を自動計算できるサイトを探す

↓

・「住民税自動計算 2008」
http://nichel.hp.infoseek.co.jp/tax_calc/2008/j_kaku_a.html
の場合は、以下の手順で必要項目を入力して計算

①「生年月日」を選択

②「所得金額」の「給与」欄に、源泉徴収票の「給与所得控除後の金額」を入力（または 232 ページの早見表から所得金額を割り出して入力）

③「所得から差し引かれる金額」の「社会保険料」に国民健康保険、国民年金などの合計額を入力

④妻子がいる人は、表 2 関連の「[11][12][14] 障害者、配偶者、扶養」欄に「続柄」「生年月日」「同・別居」「障がいの有無」の下の空欄の▼マークで必要事項を選択入力

⑤「計算する」をクリックする→概算の住民税額が自動的に出る

《ユニオンについて》

「全国コミュニティ・ユニオン連合会（全国ユニオン）」

誰でも加盟できる地域のコミュニティユニオンの連合会。
全国の 11 団体が加盟（オブザーバー加盟 3 団体）。
〒160−0023　東京都新宿区西新宿 4−16−13　MK ビル 2 階
TEL 03−5371−5202
http://www.zenkoku-u.jp/
このホームページから各地の加盟団体の連絡先にアクセスできる。

「首都圏青年ユニオン」

雇用形態・職種にかかわらず、誰でも一人でも入れる若者のためのユニオン。
〒170−0005　東京都豊島区南大塚 2−33−10 東京労働会館 5 階　公共一般労組内
TEL 03−5395−5359　http://www.seinen-u.org/

「アルバイト・派遣・パート関西労働組合（派遣パートユニオン・関西）」

会社の規模や職種、雇用形態など関係なく、誰でも、一人で入れるユニオン。
〒530−0044　大阪市北区東天満 2−2−5 第 2 新興ビル 605 号
TEL 06−6881−0110　http://www.ahp-union.or.jp/

「労働組合ネットワークユニオン東京」

いわゆる合同労組。業種、職種、地域も問わず加盟できる。

## ◉アクセス情報源

### (6章)《確定申告の手順》

①国税庁のホームページ(http://www.nta.go.jp/)にアクセスして、「確定申告特集」(または左メニューの「確定申告書等作成コーナー」)をクリック
②該当年度(平成21年申告なら、平成20年分)の「確定申告特集」であることを確認
③「確定申告書等作成コーナー」をクリック
④「作成開始」をクリック
⑤「所得税の確定申告書」「申告書等を印刷して提出 」にチェックを入れて、「入力終了」をクリック
⑥パソコンの推奨環境等の確認事項を確認して(各チェックボックスをクリック)「入力終了」をクリック
⑦「申告書等作成開始」画面で「次へ」をクリック
⑧「申告書A」をクリック
⑨「提出方法選択」はそのままで、生年月日を入力して「入力終了」をクリック
⑩青字の「給与」をクリック
⑪源泉徴収票を元にピンクの欄に「支払総額」を黄色の欄に「源泉徴収税額」を入力
⑫「支払者」欄の「住所(居所)又は所在地」と「氏名又は名称」欄(薄紫色)に、源泉徴収票の発行会社の住所と名前を入力
⑬源泉徴収票がもう一枚ある場合には、「もう一件入力する」をクリックして、同じ要領でピンク、黄色、薄紫の欄に、必要事項を入力→「入力終了」をクリック
⑭青字「社会保険料控除」をクリック
⑮前年に払った国民健康保険料と国民年金保険料(または健康保険料・厚生年金保険料)の総額を入力して「入力終了」をクリック
⑯同じ要領で、妻子のいる人は青字「配偶者控除 」や青字「扶養控除」などをクリックして、それぞれの欄に必要事項を入力して「入力終了」をクリック
⑰「入力終了」をクリック
⑱「還付される税金」の額を確認する
⑲「住民税等入力」画面になったら「住民税に関する事項(申告書A)」をクリック
⑳住民税の徴収方法を選択する(勤務先が住民税を給与天引きして納めてくれている場合は「特別徴収」を、そうでない場合は「普通徴収」を選択)「入力終了」をクリック
㉑「入力終了」をクリック
㉒住所・氏名、性別、世帯主の氏名、電話番号、提出税務署名、提出年月日、還付金の振込先——等を入力
㉓「入力終了」をクリック
㉔「印刷画面の表示」をクリック
㉕印刷ボタンをクリックして、印刷する
㉖印鑑を押して、所轄の税務署へ提出する(源泉徴収票、社会保険料(国民年金保険料)控除証明書などを添付)

⑰ 神戸市　住民税方式

| | 医療分保険料 | 支援分保険料 | 介護分保険料 | 合計 |
|---|---|---|---|---|
| 所得割 | 160% | 33% | 40% | 233% |
| 均等割 | 25,590円 | 5,680円 | 7,080円 | 38,350円 |
| 平均割 | 29,160円 | 6,480円 | 5,800円 | 41,440円 |
| 最高限度額 | 470,000円 | 120,000円 | 90,000円 | 680,000円 |

※所得割・・・(市県民税額－ 県民緑税額 800 円)×料率

⑱ 広島市　住民税方式

| | 医療分保険料 | 支援分保険料 | 介護分保険料 | 合計 |
|---|---|---|---|---|
| 所得割 | 156% | 42% | 48% | 246% |
| 均等割 | 26,088円 | 7,911円 | 8,813円 | 42,812円 |
| 平均割 | 11,535円 | 3,498円 | 2,788円 | 17,821円 |
| 最高限度額 | 470,000円 | 120,000円 | 90,000円 | 680,000円 |

※所得割・・・市民税所得割額（市民税－市民税均等割額 3,000 円）×料率

**◉給与収入→所得早見表**

| 給与収入 | 給与所得 |
|---|---|
| 650,000 | 0 |
| 700,000 | 50,000 |
| 800,000 | 150,000 |
| 900,000 | 250,000 |
| 1,000,000 | 350,000 |
| 1,100,000 | 450,000 |
| 1,200,000 | 550,000 |
| 1,300,000 | 650,000 |
| 1,400,000 | 750,000 |
| 1,500,000 | 850,000 |
| 1,600,000 | 950,000 |
| 1,700,000 | 1,020,000 |
| 1,800,000 | 1,080,000 |
| 1,900,000 | 1,150,000 |
| 2,000,000 | 1,220,000 |
| 2,100,000 | 1,290,000 |
| 2,200,000 | 1,360,000 |
| 2,300,000 | 1,430,000 |
| 2,400,000 | 1,500,000 |
| 2,500,000 | 1,570,000 |
| 2,600,000 | 1,640,000 |
| 2,700,000 | 1,710,000 |
| 2,800,000 | 1,780,000 |

| 給与収入 | 給与所得 |
|---|---|
| 2,900,000 | 1,850,000 |
| 3,000,000 | 1,920,000 |
| 3,100,000 | 1,990,000 |
| 3,200,000 | 2,060,000 |
| 3,300,000 | 2,130,000 |
| 3,400,000 | 2,200,000 |
| 3,500,000 | 2,270,000 |
| 3,600,000 | 2,340,000 |
| 3,700,000 | 2,420,000 |
| 3,800,000 | 2,500,000 |
| 3,900,000 | 2,580,000 |
| 4,000,000 | 2,660,000 |
| 4,100,000 | 2,740,000 |
| 4,200,000 | 2,820,000 |
| 4,300,000 | 2,900,000 |
| 4,400,000 | 2,980,000 |
| 4,500,000 | 3,060,000 |
| 5,000,000 | 3,460,000 |
| 6,000,000 | 4,260,000 |
| 7,000,000 | 5,100,000 |
| 8,000,000 | 6,000,000 |
| 9,000,000 | 6,900,000 |
| 10,000,000 | 7,800,000 |

※「給与収入」から「給与所得控除額」（必要経費）を差し引いたものが「給与所得」

⑫ 川崎市　住民税方式

| | 医療分保険料 | 支援分保険料 | 介護分保険料 | 合計 |
|---|---|---|---|---|
| 所得割 | 90% | 27% | 27% | 144% |
| 均等割 | 13,909円 | 3,946円 | 4,776円 | 22,631円 |
| 平均割 | 18,633円 | 5,286円 | 4,571円 | 28,490円 |
| 最高限度額 | 470,000円 | 120,000円 | 90,000円 | 680,000円 |

※所得割・・・市県民税額×料率

⑬ 横浜市　住民税方式

| | 医療分保険料 | 支援分保険料 | 介護分保険料 | 合計 |
|---|---|---|---|---|
| 所得割 | 105% | 18% | 34% | 157% |
| 均等割 | 35,780円 | 6,620円 | 12,350円 | 54,750円 |
| 平均割 | 0円 | 0円 | 0円 | 0円 |
| 最高限度額 | 470,000円 | 120,000円 | 90,000円 | 680,000円 |

※所得割・・・市民税額×料率

⑭ 東京都 23 区　住民税方式（介護分は文京区の数字）

| | 医療分保険料 | 支援分保険料 | 介護分保険料 | 合計 |
|---|---|---|---|---|
| 所得割 | 90% | 27% | 12% | 129% |
| 均等割 | 28,800円 | 8,100円 | 11,100円 | 48,000円 |
| 平均割 | 0円 | 0円 | 0円 | 0円 |
| 最高限度額 | 470,000円 | 120,000円 | 90,000円 | 680,000円 |

※所得割・・・都・区民税×料率

⑮ 浜松市　住民税方式（合併前の旧浜松市居住者の数字）

| | 医療分保険料 | 支援分保険料 | 介護分保険料 | 合計 |
|---|---|---|---|---|
| 所得割 | 111% | 46% | 45% | 202% |
| 均等割 | 18,000円 | 7,500円 | 9,000円 | 34,500円 |
| 平均割 | 19,000円 | 6,000円 | 7,000円 | 32,000円 |
| 資産割 | 25% | 10% | 5% | 40% |
| 最高限度額 | 470,000円 | 120,000円 | 90,000円 | 680,000円 |

※所得割・・・市民税所得割額（均等割を除いた市民税）×所得割率
※資産割・・・固定資産税（土地・家屋）額×資産割率

⑯ 名古屋市　住民税方式

| | 医療分保険料 | 支援分保険料 | 介護分保険料 | 合計 |
|---|---|---|---|---|
| 所得割 | 86% | 23% | 21% | 130% |
| 均等割 | 37,809円 | 9,992円 | 11,638円 | 59,439円 |
| 平均割 | 0円 | 0円 | 0円 | 0円 |
| 最高限度額 | 470,000円 | 120,000円 | 90,000円 | 680,000円 |

※所得割・・・市県民税額×料率

❼ 大阪市　所得比例方式

| | 医療分保険料 | 支援分保険料 | 介護分保険料 | 合計 |
|---|---|---|---|---|
| 所得割 | 8.4% | 2.1% | 1.8% | 12.3% |
| 均等割 | 20,438円 | 5,434円 | 5,991円 | 31,863円 |
| 平均割 | 36,044円 | 9,583円 | 7,484円 | 53,111円 |
| 最高限度額 | 470,000円 | 120,000円 | 90,000円 | 680,000円 |

※所得割・・・(所得－33万円)×料率

❽ 堺市　所得比例方式

| | 医療分保険料 | 支援分保険料 | 介護分保険料 | 合計 |
|---|---|---|---|---|
| 所得割 | 9.5% | 2.2% | 2.28% | 13.98% |
| 均等割 | 29,640円 | 7,080円 | 12,000円 | 48,720円 |
| 平均割 | 24,000円 | 5,760円 | 0円 | 29,760円 |
| 最高限度額 | 450,000円 | 120,000円 | 90,000円 | 660,000円 |

※所得割・・・(所得－33万円)×料率

❾ 北九州市　所得比例方式

| | 医療分保険料 | 支援分保険料 | 介護分保険料 | 合計 |
|---|---|---|---|---|
| 所得割 | 7.10% | 2.2% | 2.1% | 11.4% |
| 均等割 | 18,400円 | 5,850円 | 6,310円 | 30,560円 |
| 平均割 | 23,080円 | 7,340円 | 6,040円 | 36,460円 |
| 最高限度額 | 470,000円 | 120,000円 | 90,000円 | 680,000円 |

※所得割・・・(所得－33万円)×料率

❿ 福岡市　所得比例方式

| | 医療分保険料 | 支援分保険料 | 介護分保険料 | 合計 |
|---|---|---|---|---|
| 所得割 | 9.68% | 2.81% | 3.4% | 15.89% |
| 均等割 | 22,187円 | 6,548円 | 9,001円 | 37,736円 |
| 平均割 | 25,450円 | 7,767円 | 7,429円 | 40,646円 |
| 最高限度額 | 470,000円 | 120,000円 | 90,000円 | 680,000円 |

※所得割・・・(所得－33万円)×料率

**《住民税方式を採用している市町村》**

⓫ 仙台市　住民税方式

| | 医療分保険料 | 支援分保険料 | 介護分保険料 | 合計 |
|---|---|---|---|---|
| 所得割 | 113% | 35% | 48% | 196% |
| 均等割 | 21,480円 | 6,240円 | 7,560円 | 35,280円 |
| 平均割 | 25,680円 | 7,440円 | 6,480円 | 39,600円 |
| 最高限度額 | 470,000円 | 120,000円 | 90,000円 | 680,000円 |

※所得割・・・市県民税額×料率

❷ 新潟市　所得比例方式

| | 医療分保険料 | 支援分保険料 | 介護分保険料 | 合計 |
|---|---|---|---|---|
| 所得割 | 6.5% | 2.1% | 2.2% | 10.8% |
| 均等割 | 18,000円 | 6,000円 | 12,300円 | 36,300円 |
| 平均割 | 21,900円 | 6,900円 | 0円 | 28,800円 |
| 最高限度額 | 470,000円 | 120,000円 | 90,000円 | 680,000円 |

※所得割・・・(所得－33 万円)×料率

❸ 千葉市　所得比例方式

| | 医療分保険料 | 支援分保険料 | 介護分保険料 | 合計 |
|---|---|---|---|---|
| 所得割 | 5.37% | 1.73% | 1.7% | 8.8% |
| 均等割 | 12,600円 | 4,080円 | 6,240円 | 22,920円 |
| 平均割 | 16,320円 | 5,280円 | 4,920円 | 26,520円 |
| 最高限度額 | 470,000円 | 120,000円 | 90,000円 | 680,000円 |

※所得割・・・(所得－33 万円)×料率

❹ さいたま市　所得比例方式（全国政令指定都市の中で唯一、国民健康保険税）

| | 医療分保険料 | 支援分保険料 | 介護分保険料 | 合計 |
|---|---|---|---|---|
| 所得割 | 7.2% | 2.1% | 2.1% | 11.4% |
| 均等割 | 2,4000円 | 6,500円 | 8,000円 | 38,500円 |
| 平均割 | 0円 | 0円 | 0円 | 0円 |
| 最高限度額 | 470,000円 | 120,000円 | 90,000円 | 680,000円 |

※所得割・・・(所得－33 万円)×税率

❺ 静岡市　所得比例方式

| | 医療分保険料 | 支援分保険料 | 介護分保険料 | 合計 |
|---|---|---|---|---|
| 所得割 | 5.1% | 2.3% | 1.3% | 8.7% |
| 均等割 | 19,800円 | 8,400円 | 11,400円 | 39,600円 |
| 平均割 | 18,000円 | 6,000円 | 0円 | 24,000円 |
| 最高限度額 | 470,000円 | 120,000円 | 90,000円 | 680,000円 |

※所得割・・・(所得－33 万円)×料率

❻ 京都市　所得比例方式

| | 医療分保険料 | 支援分保険料 | 介護分保険料 | 合計 |
|---|---|---|---|---|
| 所得割 | 7.21% | 2.1% | 2.23% | 11.54% |
| 均等割 | 26,260円 | 7,390円 | 8,480円 | 42,130円 |
| 平均割 | 19,210円 | 5,400円 | 4,570円 | 29,180円 |
| 最高限度額 | 470,000円 | 120,000円 | 90,000円 | 680,000円 |

※所得割・・・(所得－33 万円)×料率

《住民税方式／仙台市のケース》

❶ 医療分
・所得割　　　　　　　　⇒ 市県民税 × 113／100
・均等割　（人数割額）⇒ 21,480 × 加入者数
・平均割　（世帯割額）⇒ 一世帯あたり 25,680 円

小計 a（最高限度額 470,000 円）

❷ 支援分
・所得割　　　　　　　　⇒ 市県民税 × 35／100
・均等割　（人数割額）⇒ 6,240 円 × 加入者数
・平均割　（世帯割額）⇒ 一世帯あたり 7,440 円

小計 b（最高限度額 120,000 円）

❸ 介護分（40 歳以上 64 歳以下のみ対象）
・所得割　　　　　　　　⇒ 市県民税 × 48／100
・均等割　（人数割額）⇒ 7,560 円 × 40 歳以上 64 歳以下の加入者数
・平均割　（世帯割額）⇒ 一世帯あたり 6,480 円

小計 c（最高限度額 90,000 円）

小計 a＋小計 b＋小計 c ＝年間国民健康保険料

※加入者が複数いる場合の所得割の計算は、
加入者全員の市・県民税額の合計額×料率によって算出する。

## ◉全国主要都市における国保保険料計算データ（平成 20 年度）

《所得比例方式を採用している市町村》

❶ 札幌市　所得比例方式

| | 医療分保険料 | 支援分保険料 | 介護分保険料 | 合計 |
|---|---|---|---|---|
| 所得割 | 10.28% | 1.92% | 2.59% | 14.79% |
| 均等割 | 17,980円 | 3,630円 | 5,140円 | 26,750円 |
| 平均割 | 30,060円 | 6,060円 | 6,410円 | 42,530円 |
| 最高限度額 | 440,000円 | 120,000円 | 90,000円 | 650,000円 |

※所得割・・・(所得－33 万円)×料率

# 付録・情報編

## ◉国保の計算方法（平成 20 年度）

国民健康保険料 ＝
医療分保険料 ＋ 支援金分保険料 ＋ 介護分保険料（40 歳以上 64 歳以下対象）
（44 万円〜47 万円）（12 万円）　（9 万円）

※カッコ内は、最高限度額。計算の結果、この額を超える場合はこの額が適用となる。

計算方法は、市町村によって以下の 2 パターンに分かれる

### 《所得比例方式／札幌市のケース》

❶ 医療分保険料
- 所得割額 ⇒ 所得−33 万円 × 10.28%
- 均等割額（人数割額） ⇒ 17,980 円 × 加入者数
- 平等割額（世帯割額） ⇒ 一世帯あたり 30,060 円

小計 a（最高限度額 440,000 円）

❷ 支援金分保険料
- 所得割額 ⇒ 所得−33 万円 × 1.92%
- 均等割額（人数割額） ⇒ 3,630 円 × 加入者数
- 平等割額（世帯割額） ⇒ 一世帯あたり 6,060 円

小計 b（最高限度額 120,000 円）

❸ 介護分保険料（40 歳以上 64 歳以下のみ対象）
- 所得割額 ⇒ 所得−33 万円 × 2.59%
- 均等割額（人数割額） ⇒ 5,140 円× 40 歳以上 64 歳以下の加入者数
- 平等割額（世帯割額） ⇒ 一世帯あたり 6,410 円

小計 c（最高限度額 90,000 円）

小計 a+小計 b+小計 c ＝年間国民健康保険料

※加入者が複数いる場合の所得割の計算は、各加入者の「所得」から、
33 万円を引いた額の合計額に料率を掛けて出た額。

著者略歴

**日向咲嗣**（ひゅうが さくじ）

1959年、愛媛県生まれ。大学卒業後、新聞社、編集プロダクションを経て、フリーランスライターに。サラリーマンの副業ノウハウ、合資会社を活用した独立開業ノウハウにつづき、失業・転職など職業生活全般をテーマにした執筆活動を展開中。おもな著書に『1カ月100万円稼げる59の仕事』（三五館）、『ハンコで5億稼ぐ道』（講談社）、『おいしい失業生活マニュアル』（明日香出版社）、『資本金1万円で会社をつくる法』『株式よりも断然有利な合資会社起業マニュアル』（インデックス・コミュニケーションズ）、『新版 ハローワーク150%トコトン活用術』『改訂新版 失業保険150%トコトン活用術』『「若者就職支援」150%活用術』（同文舘出版）などがある。

連絡先 hina@ba.mbn.or.jp または hina@gmail.com

●無料メール相談実施中！

失業・転職・社会保険等、労働問題全般についての相談を随時受け付けています。また、本書の内容に関するご質問も大歓迎ですので、困りごと、不明点などありましたら、ご遠慮なく上記のアドレスまでメールしてください。なお、都合により返信が遅くなる場合もありますので、その点はあらかじめご了承ください。

# トクする非正規社員マニュアル

平成21年3月26日 初版発行

著 者――日向咲嗣

発行者――中島治久

発行所――同文舘出版株式会社
東京都千代田区神田神保町1-41 〒101-0051
電話 営業03（3294）1801 編集03（3294）1803
振替00100-8-42935 http://www.dobunkan.co.jp



ISBN978-4-495-58321-7
印刷／製本：シナノ
Printed in Japan 2009